方天舒◎著

中国新能源高质量发展的经济政策效应研究

Research on the Economic Policy Effects of
High-quality Development of China's Renewable Energy

中国财经出版传媒集团

经济科学出版社
Economic Science Press

·北京·

图书在版编目（CIP）数据

中国新能源高质量发展的经济政策效应研究／方天
舒著. -- 北京：经济科学出版社，2024.3
ISBN 978 - 7 - 5218 - 5735 - 1

Ⅰ.①中… Ⅱ.①方… Ⅲ.①新能源 – 能源发展 – 经
济政策 – 研究 – 中国 Ⅳ.①F426.2

中国国家版本馆 CIP 数据核字（2024）第 061709 号

责任编辑：杜 鹏 武献杰 常家凤
责任校对：齐 杰
责任印制：邱 天

中国新能源高质量发展的经济政策效应研究
ZHONGGUO XINNENGYUAN GAOZHILIANG FAZHAN DE
JINGJI ZHENGCE XIAOYING YANJIU

方天舒◎著
经济科学出版社出版、发行 新华书店经销
社址：北京市海淀区阜成路甲 28 号 邮编：100142
编辑部电话：010 – 88191441 发行部电话：010 – 88191522
网址：www.esp.com.cn
电子邮箱：esp_bj@163.com
天猫网店：经济科学出版社旗舰店
网址：http://jjkxcbs.tmall.com
固安华明印业有限公司印装
710×1000 16 开 12.25 印张 210000 字
2024 年 3 月第 1 版 2024 年 3 月第 1 次印刷
ISBN 978 - 7 - 5218 - 5735 - 1 定价：99.00 元

前　言

　　当前，世界能源结构正经历着巨大的变化，加快发展新能源不但能够推动能源转型，还可以改善生态环境，有利于实现碳中和的目标。"十四五"规划提出积极开发新能源，优化能源供需结构，深化能源体制改革，实现新能源与智能技术的深度融合，助推新能源迈入高质量发展阶段。新能源高质量发展是关系到国计民生的系统工程，是在新时代中国特色市场经济条件下发挥政府职能，贯彻创新、协调、绿色、开放、共享新发展理念的必然要求。围绕新能源高质量发展，国家从多个维度形成"组合拳"联合发力，构建有利于新能源市场配置和创新发展的激励政策，采用包括财税支持、金融支持等在内的多种驱动机制。其中，财税政策是新能源产业规模化发展的基础，决定了产业的繁荣程度。此外，金融政策也是促进新能源产业发展的主导力量，金融、财税政策的协调配合能够发挥"$1+1>2$"的作用。本书的研究对于促进我国新能源产业的培育和发展，推动能源结构的转型升级具有一定的启示。

　　本书以新能源相关政策为主线，梳理了外部性理论、幼稚产业保护理论等相关理论，在此基础上实证分析了政府补贴、税收激励和金融支持的绩效。本书的研究内容主要如下：一是剖析新能源政策的作用机理；二是梳理新能源相关政策的现状，重点阐述财政政策、税收政策和金融政策的现状，并指出现有政策存在的突出问题；三是评估政府补贴的效应，利用分位数回归模型等分析了政府补贴对新能源研发投入的影响；四是探讨税收激励的效应，从创新总量、深层次创新和浅层次创新三个方面检验了税收激励对新能源企业创新绩效的影响；五是研究金融支持的效应，通过 DEA 模型测度了新能源产业金融支持的效率，然后构建面板 Logit 模型分析了金融支持效率的影响因素，以期为完善新能源产业金融支持奠定理论基础。

本书的主要结论为：一是财政补贴属于政府无偿性转移支出，是支持新能源产业研发和推广的重要手段。研究发现，政府补贴会产生挤入效应，即政府补贴对研发投入具有正向影响。补贴政策能够弥补技术溢出造成的损失，降低私人边际成本，从而激励新能源生产者提高研发投入，完善新能源产业体系。此外，新能源企业产权性质对政府补贴和研发投入产生调节效应。二是税收激励可以减轻企业的税收负担，直接增加投资收益。研究发现，受到税收激励的新能源企业，创新总量显著增加，但也只是浅层次创新显著增加，创新绩效只有"量"的大幅增加，没有"质"的根本提高。异质性分析发现，在东部沿海地区，税收激励对新能源企业创新总量的正效应更强。就中介效应而言，虽然税收激励无法直接影响新能源企业深层次创新，但是可以通过研发经费投入间接影响企业深层次创新。三是新能源产业金融支持效率受到政策环境的影响，2013 年国外实施"双反"调查引起金融支持效率偏低，之后国家拓宽金融支持范围，金融支持效率逐渐提升。此外，流通股所占比例、资产负债率和系统风险均影响金融支持的效率。

综上所述，本书形成的对策、建议如下：加大财政支持力度，完善对消费端的补贴，同时优化税收激励政策，改进增值税、企业所得税、关税等税收政策；构建新能源企业信用评估机制、信用担保机制以及金融信息服务机制，鼓励金融创新，开发新能源专项保险、远期保值合约等金融产品，同时完善资本市场，形成多元化金融支持机制；加强对新能源产业的事前、事中和事后监管，构建多层次监管格局。

本书的创新主要体现在：第一，研究能源政策的效应，不仅丰富了有关能源政策实施效果的文献，而且基于新能源企业的角度，研究了宏观经济政策的绩效，有利于加深对能源政策的理解。第二，从微观企业创新的角度考察政府补贴和税收激励的实施效果，拓展了宏观激励政策和微观企业行为的文献。本书将创新绩效分为创新总量、深层次创新和浅层次创新，深入分析了税收激励政策的效应，为完善新能源产业税收激励政策提供了理论依据。第三，本书研究了新能源财政补贴政策、税收激励政策、金融支持政策的作用机理，在此基础上进一步分析了机制效应，财政补贴能够弥补私人收益与社会收益的差距，税收政策具有收入效应与替代效应，而金融政策具有投资增量效应和资金引导效应，这些经济政策均能优化资源配置，推动新能源产业高质量发展。

方天舒

2024 年 1 月

目　录

第1章　绪论 ……………………………………………………… 1

　1.1　研究背景与意义 …………………………………………… 1

　1.2　国内外研究现状评述 ……………………………………… 5

　1.3　研究框架与方法 …………………………………………… 13

　1.4　创新点与不足之处 ………………………………………… 16

第2章　相关理论基础 …………………………………………… 18

　2.1　幼稚产业保护理论 ………………………………………… 18

　2.2　外部性理论 ………………………………………………… 21

　2.3　交易成本理论 ……………………………………………… 26

　2.4　激励理论 …………………………………………………… 29

　2.5　本章小结 …………………………………………………… 32

第3章　中国新能源高质量发展的政策作用机制分析 ………… 34

　3.1　中国新能源政策的内生机理 ……………………………… 34

　3.2　中国新能源政策的机制效应 ……………………………… 44

　3.3　本章小结 …………………………………………………… 53

第4章　中国新能源政策的发展与现状分析 …………………… 55

　4.1　中国新能源发展的政策体系 ……………………………… 55

　4.2　中国新能源发展的财政补贴政策 ………………………… 56

4.3　中国新能源发展的税收激励政策 ·························· 67

4.4　中国新能源发展的金融支持政策 ·························· 72

4.5　本章小结 ·· 76

第5章　中国新能源发展的政府补贴效应分析 ··················· 77

5.1　政府补贴对新能源企业研发的作用机制分析 ·········· 77

5.2　研究设定 ·· 84

5.3　实证结果与分析 ·· 89

5.4　本章小结 ·· 97

第6章　中国新能源发展的税收激励效应分析 ··················· 99

6.1　税收激励对新能源企业创新绩效的作用机制分析 ···· 99

6.2　研究设计 ·· 107

6.3　实证结果与分析 ·· 112

6.4　本章小结 ·· 122

第7章　中国新能源发展的金融支持效应分析 ··················· 124

7.1　金融支持新能源产业发展的机制分析 ··················· 124

7.2　研究设定 ·· 130

7.3　实证结果与分析 ·· 136

7.4　本章小结 ·· 153

第8章　结论与政策建议 ·· 155

8.1　研究结论 ·· 155

8.2　政策建议 ·· 157

8.3　研究展望 ·· 164

参考文献 ··· 165

附　　录 ··· 187

第1章

绪　论

1.1　研究背景与意义

1.1.1　研究背景

能源，即能量资源，主要包含风能、生物质能、太阳能等。能源是经济增长与社会发展最重要的战略物资，是国家赖以生存的动力。经济社会的发展史，整体上是从原始文明、农业文明迈入工业文明，每一次社会历史的巨大变革都伴随着能源转型。在原始文明时期，人类的生产和生活完全依赖大自然，受大自然的控制；到农业文明时代，人类逐步改造大自然，人工火开始替代自然火，柴草成为这一时期的主要能源[①]。18 世纪 60 年代，瓦特改良了蒸汽机，第一次工业革命爆发，煤炭成为这一时期的主要能源，人类开始迈入工业文明时代。同时，蒸汽机的广泛应用也推动了采煤工业的迅速发展[②]。1850～1870 年，德国的煤炭开采业飞速增长，由 518 万吨上涨到 2640 万吨。19 世纪下半叶，第二次工业革命爆发，石油逐步取代煤炭成为生产动力的源泉。石油又被称为"黑色的金子"，随着汽车的大规模使用，石油成为一个国家的生命线，在国民经济中占据着核心地位。然而，人们在享受能源提供便利的同时，煤炭、石油等化石能源的开发也带来了臭氧层破坏等一系列生态问题。此时，新能源得

---

① 史丹，王蕾. 能源革命及其对经济发展的作用 [J]. 产业经济研究，2015 (1)：1-8.
② 林伯强. 现代能源经济学 [M]. 北京：中国财政经济出版社，2007：64.

到了越来越多的重视，新能源是在新理念、新思维、新技术基础上开采使用的可再生能源，强调保护生态环境，构建清洁、高效、协调的能源系统，实现绿色增长。新能源的特征主要体现在：第一，资源储量丰富，可以源源不断地满足能源消费需求；第二，能量密度低；第三，不含碳或含碳量较少，因而对环境几乎不产生污染；第四，间歇式供应，波动较大；第五，分布范围广，方便小规模分散使用。开发绿色、清洁的新能源是实现低碳发展的重要途径，也是我国能源转型升级的客观需要。

从能源结构来看，2020 年世界一次能源消费下降 4.5%，碳排放量减少6.3%。同时，可再生能源增长 9.7%，其中，风能和太阳能增幅较大。2020年，我国可再生能源消费量持续增长，所占比重从 2019 年的 4.75% 上升到2020 年的 5.36%①。根据 2021 年英国石油公司世界能源统计，中国的新能源使用量增长最快，增幅达到 1 艾焦；美国次之，增幅为 0.4 艾焦。世界能源消费结构正朝着低碳化、清洁化方向转变，新能源的开发逐渐成为各国关注的焦点。在高质量发展背景下，加快新能源发展刻不容缓，党的十九大报告初次提到高质量发展这一理念，"十四五"规划进一步强调高质量发展的思路，而投资新能源是实现高质量发展的主要路径，也是实现碳达峰的重要手段②。

从能源安全角度看，能源安全是经济安全的根基。能源安全意味着经济主体能够以愿意支付的价格获得能源消费的能力，且不会对生态系统产生负面作用。根据能源安全的定义，能源安全主要包括以下几个方面：第一，能源供给稳定。能源供给在总量上可以满足经济主体的消费需求。第二，能源定价合理。能源定价不能过高，需要保障消费者能消费得起所需要的各种能源。价格是新能源发展中的重大问题，合理的定价不仅能够优化资源配置，还可以为"能源中国梦"的目标实现提供保障。"能源中国梦"就是要实现中国能源的安全、清洁、高效与可持续发展。第三，能源在勘探、开发、生产、运输和消费过程中不能对生态环境产生负向影响。能源安全是国家安全的基石，第一次世界大战后，有学者认为"协约国是在石油的波涛中取得了胜利"，鲁登道夫

---

① BP. Statistical Review of World Energy 2021［R］. London：BP, 2021：2 – 11.
② 胡鞍钢. 中国实现 2030 年前碳达峰目标及主要途径［J］. 北京工业大学学报（社会科学版），2021, 21（3）：1 – 15.

也持有类似的观点。石油作为汽车、飞机、坦克等武器装备的动力燃料，在战争中发挥着十分重要的作用，甚至已经成为影响战争成败的关键要素。此外，能源问题已成为全球经济、外交等领域的关键问题，各国为争夺能源的世界霸权冲突不断，甚至引发局部战争。"过去100多年的工业发展离不开石油资源，时至今日，石油依然占据主导地位。世界主要发达国家为争取石油资源不惜发动武装战争，因此，100多年来，石油地缘政治风云变幻，地区冲突不断①。"从1973年第一次石油危机，再到伊拉克战争、中东战争，凡是与能源相关的冲突均体现出大国之间的政治博弈②。

从新能源配套的基础设施来看，我国不断完善新能源并网与输出工程。现已完成淮东——皖南等多个特高压输电项目，新能源利用效率进一步改进③。2020年3月，中央强调加大支持特高压等新型基础设施建设④。同年4月，国家明确规定了新型基础设施建设的概念与内涵，特高压输电技术成为新时代的"国之重器"，是中国制造的名片⑤。特高压作为新型基础设施的重要组成部分，为未来能源发展提供强有力的支撑。特高压又称为"电网高速公路"，不仅解决了区域间电力资源分布不均的问题，还能够促进能源的转型升级以及减少二氧化碳排放。我国新能源分布呈现生产中心与消费中心逆向分布状态，太阳能资源主要分布在新疆、甘肃等地区，风能主要分布在东北、西北等地区，而能源消费大省集中在华东、华北、华南等地区。因此，为了满足新能源跨省调度的需求，特高压电网应运而生。借西北地区的新能源助推东部、中部地区的能源转型，特高压成为我国经济实现低碳发展的重要路径。

能源是一个国家发展的超级动脉。2014年，习近平总书记创造性地提出"四个革命、一个合作"，即加快能源技术、供给、消费以及体制革命，进一步深化能源合作⑥。《国民经济和社会发展第十四个五年规划和2035年远景目

---

① 陈清泰，吴敬琏. 新能源汽车需要一个国家战略 [N]. 经济参考报，2009 - 09 - 24.
② 张海龙. 中国新能源发展研究 [D]. 长春：吉林大学，2014.
③ 国网能源研究院有限公司. 2020 中国新能源发电分析报告 [M]. 北京：中国电力出版社，2020：16.
④ 习近平. 研究当前新冠肺炎疫情防控和稳定经济社会运行重点工作 [ED/OL]. [2020 - 03 - 04]. https：//www. gov. cn/xinwen/2020 - 03/04/content_5486931. htm？ ivk_sa = 1023197a.
⑤ 袁国宝. 新基建：数字经济重构经济增长新格局 [M]. 北京：中国经济出版社，2020：2 - 6.
⑥ 钱智民. 加快推进能源清洁低碳转型发展 [N]. 人民日报，2019 - 04 - 22.

标纲要》提出加快发展新能源、信息技术、高端装备等战略性新兴产业，提高能源清洁化程度。在"双碳"目标下，大幅提高新能源的比例成为重中之重。

我国能源生产与消费革命道阻且长。全球能源转型正在加速推进，美国页岩气的开发使得美国能源储备迅速增加，大大降低了其能源对外依存度。欧洲国家也在积极寻找替代能源，新能源革命已经蔓延开来①。中国应当把握机会，积极参与新一轮的能源革命，深化能源体制改革，加快生态文明建设，弘扬"天人合一"的可持续发展思想，大力发展新能源，把握国际能源市场的主动权，进一步重塑世界能源治理体系②。

1.1.2 研究意义

（1）理论意义。从索洛模型到新经济增长理论，这一演变过程是人类对全要素生产率研究拓展深化的过程。随着经济增长要素的演变，能源逐渐作为新的要素纳入生产函数。新能源产业的补贴问题引起了学术界的高度关注，关于如何补贴、补贴多少存在一定的争议。本书在现有文献的基础上，基于外部性经济、信号传递理论等介绍了政府介入的必要性，可以在一定程度上澄清政府补贴是否有效的争论。

此外，本书基于供给引导和需求追随理论分析了金融支持和新能源发展的关系，进一步探讨了金融支持新能源发展的内在机理。直接金融通过一级与二级市场影响金融供给，间接金融通过银行贷款影响金融需求，供给和需求的变动引发金融要素的流动，进而影响新能源产业的发展。研究金融支持如何作用于新能源产业，能够在一定程度上拓展和丰富现有文献。

（2）现实意义。构建绿色低碳能源战略是我国经济社会发展的重大战略，是调整能源结构、推动能源转型、实现碳中和的重要举措。新能源具有显著的正外部效应，意味着新能源生产者的边际收益低于社会边际收益，若政府不实

---

① 朱孟珏，庄大昌.1990~2015年世界能源时空演变特征研究 [J]. 中国人口·资源与环境，2017，27（5）：63-71.

② 王礼茂，屈秋实，牟初夫，等. 中国参与全球能源治理的总体思路与路径选择 [J]. 资源科学，2019，41（5）：825-833.

施相应的激励政策，新能源产出无法实现帕累托最优。从世界能源利用趋势看，新能源在能源结构的比重迅速增加，市场份额不断扩大。中国也进一步完善能源发展战略体系，提出加快发展新能源产业，以减少碳排放，改善环境质量。"十四五"规划强调要转变能源利用方式，促进新能源技术创新，从而提升能源清洁化程度。本书重点关注新能源产业激励政策，探索优化新能源财税政策与金融政策的路径。因此，本书的研究结论为新能源的开发利用提供了实践指南，具有重要的现实意义。

新冠疫情暴发后，发展新型基础设施建设成为经济复苏的新引擎。特高压、充电桩、5G 等新基建为中国经济的破茧重生奠定了基础。新基建投资具有杠杆效应，可以带动新能源产业以及辅助产业的发展，有利于建立和完善能源互联网，促进能源转型与技术创新。因此，本书提出大力发展新能源产业，释放经济增长的潜力，早日实现碳达峰。本书的研究成果不但为政策的合理制定提供了参考价值，而且有利于新能源产业的高质量发展。

1.2 国内外研究现状评述

1.2.1 国外研究现状

（1）对新能源政策作用的研究。弗里德兰德和索亚（Friedlander and Saw-yer，1983）研究发现，1974～1980 年，美国在州级行政区实施了许多可再生能源政策。一些州在制定此类政策方面特别积极，而另一些州则完全不积极。霍帕等（Hoppea et al.，2016）的研究发现美国的能源政策旨在保障能源安全，确保消费者可以消费得起所需要的各种能源，而欧盟的能源政策则专注于能源安全和环境可持续性。迪恩（Dean，2006）总结了美国、欧洲和日本的能源战略，格利菲斯（Griffiths，2017）研究了可再生能源政策的当前趋势，以期在海湾合作委员会国家大力发展可再生能源。巴克莱等（Banker R D et al.，1984）探讨了政策环境，尤其是可再生能源以及可持续发展的政策环境。哈斯等（Haas et al.，2011）认为新能源规章制度侧重于能源市场方面，并且涉及新能源的数量、质量、价格机制等。巴斯（Bassi，2011）通过观察各国对《京都议定书》的反应，发现不同政府在能源问题上采取不同的立场。不同于以往评估能源政策的工具，巴斯建议采用一个综合框架来研究能源政策的长期绩效，该框架包括社会、经济、环境因素及其与能源部门的关系。伯恩等（Bößner et al.，2020）使用沃勒维茨和马什提出的政策转移框架（policy transfer）的改进版本，描述了三个典型国家的政策转移过程。政策转移不是一次性事件，而是一个连续的过程，其中，迭代学习可以促进政策优化。布鲁姆等（Blum et al.，2013）认为当政府决策者提出新政策时，他们需要评估所提议政策的成本和收益，以将其与现有政策进行比较。本书提出了一个综合性的方法框架，用来评估各种能效政策的经济和环境影响。该框架存在以下特征：依赖于主要的数据和参数；采用单功能方法来估算每项措施所节约的能源和所减少的排放量；在一组指标里总结结果，以便进行比较评估。德莱尼等（Abolhosseini et al.，2014）认为金融政策对于促进新能源发展越来越重要，金融政策可以推动新能源技术进步，降低发电成本，从而减少碳排放，改善生态环境。库克萨尔（Köksal，2021）以 36 个经合组织国家为例，探讨了金融效率对新能源需求的影响。基姆和李（Kim and Lee，2012）认为固定电价机制是一项有效的制度安排，提升了可再生能源的市场竞争力。2012 年，全球超过 75 个地区都实行固定电价机制，并提供了各种价格补贴来实现政策目标。该文献的目的是提出一种定量模型，通过该模型可以评估并优化固定上网电价机制。他们将新能源发电成本、期权估价和消费者选择相结合，以便在各种情景下模拟固定上网电价政策的绩效。该模型从政府的视角来定义最优化问题，政府希望增加新能源在整体能源供给中的份额，同时使纳税人的负担在可控范围内。

在模型方面，不少学者利用能源价格与装机量的公开数据来估计短期能源供给曲线，然后使用供给模型来估计或模拟政策的影响[1][2][3]。阿尔达卡尼等

---

[1] Borenstein S, Bushnell J B, Wolak F A. Measuring market inefficiencies in California's restructured wholesale electricity market [J]. The American Economic Review, 2002, 92 (5)：1376 - 1404.

[2] Mansur E, Holland S. The short - run effects of time - varying prices in competitive electricity markets [J]. Energy Journal, 2006, 27 (4)：127 - 155.

[3] Walawalkar R, Blumsack S, Apt J, Fernands S. An economic welfare analysis of demand response in the PJM electricity market [J]. Energy Policy, 2008, 36 (10)：3692 - 3702.

（Sahraei – Ardakani et al.，2012）重点探讨了能效政策对区域电力市场的影响。他们的模型估算了电力市场的供给曲线，并描述了不同区域的能源价格和能源利用效率。研究发现，《129 号法案》实施后，宾夕法尼亚州一年内总发电成本降低了 2.1% ~ 2.88%。段等（Duan et al.，2015）通过引入新的技术机制构建了经济——能源——环境的集成模型，也就是改进的 Logit 模型。模型结果表明，碳税和补贴机制在促进新能源技术开发中起着不可替代的作用。光伏太阳能、地热能、风能在一次能源使用中所占比例将分别增加到 24.9%、9.7% 和 6.12%。同时，通过引入研发投资可以大大推进技术进步。这样一来，以上三种能源的所占比例将分别增加到 26.2%、12.1% 和 7.2%。此外，到 2035 年左右，能源供应市场将被非化石能源锁定。因此，加大研发投入可以显著提升碳减排潜力，并且从长远来看，能够有效减轻企业和消费者的税收负担。里奥和瓜尔（Río and Gual，2007）对西班牙 1999 ~ 2003 年之间上网电价制度进行了评估。他们发现，西班牙补贴机制非常有效，但是装机量和成本增长过快。万德和莱乌托尔德（Wand and Leuthold，2011）研究了德国的上网电价机制对 2009 ~ 2030 年安装的小型屋顶太阳能发电系统的潜在影响。他们应用动态优化模型，通过"边干边学"、技术扩散来使社会福利最大化。卡利等（Carley et al.，2017）利用 1990 ~ 2010 年 164 个国家的跨国数据，分析了可再生能源政策在多大程度上促进了可再生能源发电量的增长，特别是上网电价政策与可再生能源配额制度。结果表明，这两项政策均是可再生能源市场增长的重要预测指标。

（2）对新能源财税政策的研究。财税政策是推动新能源高质量发展的重要工具，也是国家宏观调控的重要方式。关特（Kwant，2003）指出为了提升新能源的市场竞争力，政府必须关注以需求为导向的政策。自从 1996 年以来，荷兰政府通过财政工具支持新能源的发展，主要包括绿色基金、税收减免、能源税等政策。2001 年，荷兰政府推行绿色证书交易制度，2001 年底，绿色电力消费者达到 70 万。井堀等（Ihori et al.，2005）探讨了日本财政政策的宏观经济效应，并建立计量模型评估了非凯恩斯效应。张（Bo Z，2014）指出财政政策是推动新能源产业发展的主要政策工具。他分析了新能源财政政策的现状，并利用霍特林空间竞争模型评估了财政政策的效果。结果表明，研发补贴、减税政策等对新能源产业起到了重要的推动作用。最后，他认为政府应降低消费税，增加研发补贴，加强基础设施建设。

作为政府介入经济的主要途径之一，税收政策在推动新能源产业发展中发挥了重要作用。沈等（Shen J et al.，2015）指出宏观财税政策能够促进新能源产业结构升级，推动新能源健康发展。因此，他们分析了中国税收政策对新能源产业发展的影响，并从税收方面提出了对策和建议。廖等（Liao et al.，2012）指出为了鼓励新能源产业的发展，中国政府出台了一些政策，例如财政补贴、税收激励、配额制度等。廖等对这些政策进行了比较分析，发现财政补贴和税收激励政策都是有效的，能够降低新能源的价格，提升市场竞争力。拉米雷斯等（Castillo-Ramírez et al.，2021）建立非平稳自回归模型分析了哥伦比亚投资税收抵免的影响。研究结果表明，税率在新能源项目投资中发挥着关键作用。尹志（Ishi，2000）认为税收政策对促进新能源产业发展非常有效。

1.2.2　国内研究现状

（1）能源的定义与分类。一直以来，关于能源这一概念，还没有形成统一的定义。英国《大英百科全书》中指出"能源是一个囊括阳光、雨露与风的词汇，人类利用各种各样的转换方式，使自己获得所需要的能量"。厦门大学能源经济学家林伯强（2007）对能源的解释是"能源意味着能提供能量的自然资源"。它能够给社会提供所需要的机械能和电能等。水能、核能、太阳能等都属于能源的范围。

综合来看，以上关于能源的概念界定存在一个共同点，即能源是一种可变换各种形式的能量资源。根据不同的形式，可以将能源划分为以下几种类型（见表1.1）。

表1.1　　　　　　　　　　　能源分类

划分方式	能源分类
按照是否可再生	可再生能源
	不可再生能源

划分方式	能源分类
按照物理形态是否改变	一次能源
	二次能源
按照科学技术发展水平	常规能源
	新能源

从表 1.1 可知，本书根据能源是否可再生、物理形态是否改变、科学技术发展水平，从三个角度对能源种类进行了划分。

从是否可再生来看，能源主要包括可再生与不可再生两种类型。可再生能源是指可以反复开发的能源，不可再生能源是指消耗后不能自行恢复的能源，例如原煤、原油、煤层气等①。从能源物理形态是否改变来看，能源主要包括一次能源与二次能源。一次能源意味着能够直接使用的能源，主要包括油页岩、地热能等。二次能源意味着经过加工等一系列流程之后获得的能源，主要包括焦煤、酒精、煤油、液化气等。按照科学技术发展水平，能源主要包括常规能源与新能源。常规能源是指生产、转换技术较为先进的能源，新能源是指正在积极研究、运输技术有待进一步改进的能源，例如生物质能等能源。

（2）新能源的内涵。关于新能源的概念，目前呈现"百家争鸣"的缤纷状况。1978 年，联合国三十三届大会开始使用新能源这一专业术语，将新能源定义为传统化石能源之外的所有能源。1981 年召开的联合国会议正式界定了新能源的内涵，即以技术创新为基础，运用新兴技术开发传统的可再生能源，用绿色低碳的可再生能源逐渐替代化石能源。新能源主要有以下五个特点：一是资源储量丰富，可以源源不断地满足能源消费需求；二是能量密度低；三是不含碳或含碳量较少，因而对环境几乎不产生污染；四是间歇式供应，波动较大；五是分布范围广，方便小规模分散使用。

国内学者也对新能源的内涵也进行了探讨。韩晓平（2007）认为狭义上

---

① 穆献中，刘炳义. 新能源和可再生能源发展与产业化研究［M］. 北京：石油工业出版社，2009：3-7.

的新能源意味着可再生能源，广义上的新能源是指基于新的能源开发理念提升能源综合利用效率，构建多元化能源供给制度，设计完善的能源交易机制来推动能源革命，以能源革命引领第三次工业革命，从根本上提升生产力水平，使人类迈入可持续发展的社会。新能源是一个动态的阶段性概念，随着生产力水平的提升，现在的新能源在未来的某一天也会变成常规能源（朱劲松，2012）。刘叶志（2008）对新能源的概念进行了全面梳理，并比较了新能源与清洁能源、替代能源等能源资源的区别。他认为新能源之"新"在于内容之新和技术之新，内容之新表现为在开发过程中发现新型能源，并且这种能源在未来可以大规模应用，例如氢能和可燃冰等。技术之新体现在采用现代化科学技术转变能源形态，提高能源的储存效率和使用效率。政府部门和部分学者对新能源的认识存在一个共同点，即把新能源与可再生能源等同于同一概念，两者的内涵没有区别（张伟涛和冯蛟杰，2012）。所谓新能源，其实本质上也不新，生物质能、风能、太阳能等新能源是人类最古老的能源。但是，新能源"新"在这些古老能源在能源互联网战略背景下所焕发出来的新的生产方式，即从自然到技术化、从分散到规模化，简而言之，就是老树发新芽（郭庆方和董昊鑫，2015）。

基于以上联合国会议和我国政府对新能源的定义，本书认为新能源是在新理念、新思维、新技术基础上开采使用的可再生能源，强调保护生态环境，构建清洁、高效、协调的能源系统，实现绿色增长。对新能源与可再生能源的划分是理论分析的理想状态，但是从实践角度看，两者一般不进行明确区分。正如"十四五"规划中强调大力开发新能源与可再生能源，《中华人民共和国可再生能源法》中的定义也验证了政府层面将新能源与可再生能源概念等同或将两者当成一个整体来界定。因此，本书探讨的新能源主要包括风能、太阳能以及生物质能。

（3）高质量发展的含义。关于高质量发展的含义，学术界还没有形成一致的结论。金碚（2018）从商品的价值论出发，认为高质量发展侧重于商品的使用价值，目的是满足经济主体全面发展的要求，同时，有效的制度安排是高质量发展的前提。高质量发展强调绿色低碳，回归本真，实现公平和正义。卢现祥（2020）基于产权理论，认为产权制度是高质量发展的关键，自主创新是高质量发展的源泉，激励机制是高质量发展的重点。此外，他认为要素市场的效率影响经济增长的质量。张军扩等（2019）认为高质量发展是经济、社会、生态等领域的协同发展。高质量发展不仅关注量变，更关注质变，是量变和质变的高度统一。张佳宁等（2022）从生态和经济两个维度阐述高质量发展的内涵，指出发展应该是科学、合理、可持续的。高志刚等（2020）认为高质量发展主要解决发展过程中的结构失调问题，从而优化能源消费结构，实现碳达峰碳中和。李瑶等（2022）基于政府和市场的关系，认为政府适当干预能够规范市场主体的行为，为高质量发展保驾护航。高培勇等（2019）认为高质量发展离不开技术创新，提升全要素生产率是加快高质量发展的重中之重。刘会武等（2021）指出高质量发展是一种全新的发展模式，旨在满足人类的需求和愿望。高质量发展遵循公平性原则和系统性原则，有利于减少碳排放，改善环境质量。林珊珊等（2022）将高质量发展定义为在循环经济理念下，资源、经济、文化等各方面统筹发展。魏文江等（2021）指出高质量发展是一种更稳定、更持久的绿色发展，目标是实现三大改革，即质量、效率和动力改革。本书借鉴任保平（2018）、张治河（2019）等研究，认为高质量发展是以创新为基石、以市场为引导、以政府为支撑的发展体系。

（4）对新能源财税政策的研究。财税政策是政府支持新能源发展的重要举措。高秀平等（2018）利用面板数据实证检验了税费返还与政府补贴对新能源公司的影响，研究发现财政补贴与税收政策的绩效存在一定的差异。郑贵华等（2019）采用 PSM 方法讨论了补贴政策和税收激励对新能源企业创新投入的影响，实证结果表明财政补贴的效果更为显著，而税收政策短期内效果并不明显。孙健夫等（2021）构建动态面板模型探讨了财税政策对新能源企业研发效率的影响，结果显示财税政策存在促进效应和选择效应。廖家勤和孙小爽（2017）、丁芸和张天华（2014）等也进行了类似的研究。吴锦明（2019）提出政府应不断完善财政和税收政策，释放政策红利，推动政府补贴与金融市场的深度融合，助推新能源健康发展。张宪昌等（2020）通过比较"十三五"和"十四五"阶段新能源财税政策的区别，指出前一阶段财税政策缺乏相应的配套设施，管理方面还不规范，"十四五"期间应加大税收支持力度，推动新能源技术突破，提升产品附加值，从而促进新能源产业稳定、协调发展。纪玉哲（2013）、何代欣（2014）等指出应根据新能源产业的不同发展阶段，实施多项财税政策的组合。还有一些学者基于区域视角分析了新能源产业财税政策。例如，蒋海勇（2015）分析了北部湾新能源产业发展的现状，指出现有财税政策缺乏科学、全面的规划，因此，需要协调各项扶持政策，使政策框架更加规范、系统。李昌明等（2017）探讨了河北省促进新能源发展的财税政策，认为当前的税收政策存在边界模糊、覆盖面较窄等问题，因此，需要优化政策工具，助推新能源迈入高质量发展阶段。

（5）对新能源金融政策的研究。涂俊（2012）指出发展新能源离不开金融支持，金融部门需要根据新能源项目的生命周期实施不同的金融工具，发挥金融资本的杠杆效应，有效解决新能源企业的融资问题。他进一步指出，金融政策要与财政政策、产业政策相协调，以达到政策的协同效应，推进能源转型。严俊杰等（2016）探讨了湖南省发展新能源的金融政策，他们建议完善金融配套措施、健全信贷管理制度、设立专项基金以及引入 PPP 模式等。朱锡平等（2009）建议采用间接调控方式，完善新能源信贷支持机制，加强金融相关法律建设，构建风险投资基金，健全优惠利率政策，为新能源产业的高质量发展提供资金支持。

还有一些学者基于绿色金融视角进行了分析。魏本平等（2020）指出北京市应发挥绿色金融的杠杆效应，建立绿色能源交易平台，实行绿色债券、绿色担保等激励政策，调动新能源企业的研发积极性，从而优化能源结构，实现碳达峰碳中和。张璐（2019）从金融供给和需求的视角，探讨了新能源和绿色金融的内在关系，并且从优化银行信贷结构、发展互联网金融、建立信用服务平台等方面提出对策建议。高晓燕等（2017）认为绿色金融作为金融领域的一大创新，能够拓宽新能源企业的融资渠道，缓解企业资金短缺问题。绿色金融通过资本汇聚效应、投资引领效应与技术创新效应影响新能源产业的发展，为新能源产业保驾护航；构建以绿色信贷、绿色证券为核心的金融支持机制，不断创新金融产品，有效降低投资风险，进而推动新能源产业的健康发展。

1.2.3 文献评述

综上所述，学术界对新能源政策效应的研究比较系统，研究成果也很多。

现有文献大多集中于研究新能源产业发展的财税政策，较少涉及金融支持制度，本书分析了直接金融和间接金融扶持新能源发展的作用机制，在此基础上构建了 DEA 模型和面板 Logit 模型，实证分析了金融支持的绩效。关于财政补贴，学术界大部分认为我国应当对新能源产业给予一定的补贴，但是关于如何补、补多少的问题尚未形成系统、全面的研究。传统经济学认为补贴会扭曲市场价格机制，政府只需要充当守夜人的角色，然而结合我国的现实国情，新能源产业资金需求量大，而且投资风险偏高，因此，财政补贴是必要的。总体来看，国外文献相关研究较早且较为成熟，国内则缺少专门性研究。以往成果还存在一定程度的不足。

第一，现有文献在探讨财政补贴对新能源发展的影响时，很少进行分阶段分析。对于新能源产业发展的不同阶段，政府政策激励存在一定的差异，所以财政补贴的效果也会呈现出差异性。本书对样本进行分阶段分析，具体论述了不同阶段政府补贴对新能源研发投入的影响，对现有研究是很好的补充。

第二，当前文献较少关注新能源发展的金融支持机制，本书从理论上分析了金融市场支持新能源产业发展的资本形成机制、激励约束机制以及风险分散机制，并且分样本实证分析了金融支持的效率及其影响因素，丰富了现有研究。

基于上述分析，本书将促进新能源发展的财税政策和金融政策高度统一起来，在相关理论的基础上，运用分位数回归模型、中介效应模型、DEA 模型和面板 Logit 模型等实证检验了政府补贴、税收激励和金融支持的绩效。最后，从财税、金融等层面提出对策和建议。

1.3　研究框架与方法

1.3.1　研究框架

随着经济规模的迅速扩张，人类社会与资源、环境的矛盾日益突出。美国、欧盟等世界各国都将开发新能源作为本国的战略目标，中国亦是如此。新能源具有绿色、低碳、可再生的比较优势，具有巨大的发展前景。与此同时，我国的新能源产业还不成熟，面临核心技术缺乏、产业链不协调、产能过剩等问题，需要国家加强政策的顶层设计，制定系统规范的制度安排。本书的研究框架如下（见图1.1）。

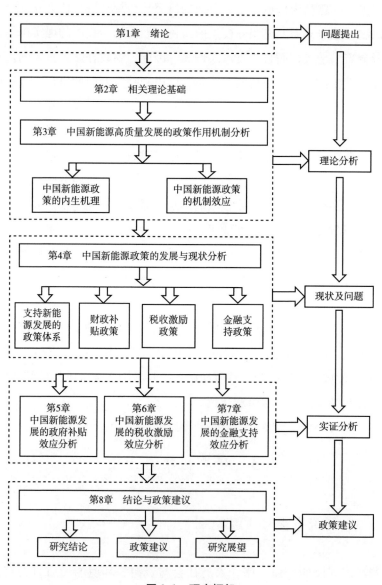

图1.1　研究框架

第 1 章，绪论。主要阐述本书的研究背景和意义以及框架和方法，梳理关于新能源财税政策、金融政策等方面的文献，并在现有文献的基础上分析本书的创新点和不足之处。

第 2 章，相关理论基础。本书对新能源政策相关的理论进行了梳理——新能源补贴制度从幼稚产业保护理论来论述，新能源产业的外部性从环境保护视角来探讨，新能源的发展困境从交易成本理论来分析，新能源的激励政策从激励视角来研究。所以，本书的相关理论基础包括外部性理论、幼稚产业保护理论、交易成本理论和激励理论。

第 3 章，中国新能源高质量发展的政策作用机制分析。本章分析了财政、税收和金融政策的内生机理。财政补贴政策通过引导新能源生产和消费来刺激新能源产业的发展；税收激励政策通过税率、税基和税额优惠来鼓励新能源企业增加创新产出，进而促进新能源产业的健康发展；金融支持政策通过资本形成、信息披露和风险防范机制来减少信息不对称，从而扶持新能源产业的发展。在此基础上论证了新能源政策的机制效应。

第 4 章，中国新能源政策的发展与现状分析。首先梳理了新能源发展的政策体系，其次重点剖析了财政补贴政策、税收激励政策与金融支持政策的现状，在此基础上指出相关政策存在的突出问题。

第 5 章，中国新能源发展的政府补贴效应分析。首先梳理了政府补贴对新能源研发投入的作用机制，其次运用上市公司数据进行实证检验，构建分位数回归模型等分析了政府补贴对新能源研发投入的影响，再次进行了分阶段、分样本回归，最后利用系统 GMM 方法进行了稳健性检验。

第 6 章，中国新能源发展的税收激励效应分析。首先从理论上分析了税收激励对新能源企业创新绩效的作用机制，其次构建基准回归模型，实证分析了税收激励对新能源企业创新总量、深层次创新以及浅层次创新的作用效果，在此基础上探讨了研发经费投入和人力资本投入的中介效应，并且进行了异质性分析，最后采用系统 GMM 方法和面板负二项回归进行了稳健性检验。

第 7 章，中国新能源发展的金融支持效应分析。首先探讨了金融支持新能源产业发展的作用机制，其次利用 DEA 模型分析了金融支持的效率，并且建立面板 Logit 模型研究了金融支持效率的影响因素。

第8章，结论与政策建议。对本书的内容进行梳理、总结，提出详细的对策和建议，并对未来的研究工作进行展望。

1.3.2 研究方法

第一，文献分析和历史分析相结合。本书对大量国内外有关新能源经济政策的研究进行了梳理，试图了解新能源产业及其补贴制度的发展脉络，总结发达国家发展新能源的政策措施，从而为本书的政策设计提供思路。

第二，定性分析和定量分析相结合。本书在给出定性结论之前，通过构建相关经济学模型来说明研究对象的本质特征。例如，在探讨税收政策作用机理时，建立生产函数来分析税收激励对新能源企业创新产出的影响，在此基础上得到研究结论。本书利用定性与定量这两种研究方法，使得分析结果更具现实解释力。

第三，理论分析和实证分析相结合。在理论研究中，本书梳理了幼稚产业保护理论、外部性理论、交易成本理论、激励理论等相关理论，创造性地提出了新能源相关政策的作用机理，为后续研究奠定基础。在实证研究中，本书利用分位数回归模型、中介效应模型、DEA 模型、面板 Logit 模型等实证分析法，深入研究了政府补贴、税收激励和金融支持的绩效。

1.4 创新点与不足之处

1.4.1 创新点

本书主要梳理了新能源相关政策，实证分析了政府补贴、税收激励和金融支持的有效性。本书的创新主要体现在以下方面。

第一，研究能源政策的效应，不仅丰富了有关能源政策实施效果的文献，而且基于新能源企业的角度，研究了宏观经济政策的绩效，有利于加深我们对能源政策的理解。

第二，从微观企业创新的角度考察政府补贴和税收激励的实施效果，拓展了宏观激励政策和微观企业行为的文献。本书将创新绩效分为创新总量、深层次创新和浅层次创新，深入分析了税收激励政策的效应，为完善新能源产业税收激励政策提供了理论依据。

第三，本书系统研究了新能源财政补贴政策、税收激励政策、金融支持政策的作用机理。财政补贴政策通过引导新能源生产和消费来推动新能源产业的发展；税收激励政策通过税率、税基和税额优惠来鼓励新能源企业增加创新产出，进而推进新能源产业的长远发展；金融支持政策通过资本形成、信息披露和风险防范机制来减少信息不对称，从而扶持新能源产业发展。本书进一步分析了上述政策的机制效应，财政补贴能够弥补私人收益与社会收益的差距，税收激励具有收入效应与替代效应，而金融支持具有投资增量效应和资金引导效应，这些经济政策均能优化资源配置，推动新能源产业高质量发展。

1.4.2 不足之处

本研究的不足之处主要体现在：第一，由于新能源企业上市时间不长，年报中包含的数据不全，不少企业缺乏研发投入的数据，所以选择的样本时间跨度有限，这是后续研究需要改进的地方。第二，本书主要分析了新能源产业政府补贴、税收激励和金融支持的绩效，由于数据的局限性，本书并未评估所有政策的实施效果，只是选取了有代表性的三类政策进行了检验。深入分析其他政策的作用效果，这一领域将成为笔者未来进行深入研究的方向。

第2章

相关理论基础

本章的主要研究内容是运用相关的经济理论来做铺垫。关于新能源补贴机制的理论，主要从新能源产业成长保护角度来研究，新能源产业发展的外部性主要从优化环境的角度来探讨，新能源的发展困境从交易成本的角度来分析，新能源发展的激励政策从激励视角来研究。与此有关的理论有幼稚产业保护理论、外部性理论、交易成本理论和激励理论。通过对理论的梳理总结，为后续的理论研究和实证分析做好铺垫。

2.1 幼稚产业保护理论

2.1.1 幼稚产业的内涵

幼稚产业保护理论由汉密尔顿最早于1791年提出，之后，李斯特在此基础上发展完善。幼稚产业可以理解为一国的新兴产业，当其发展规模比较小时，在国际市场上缺乏竞争力。如果政府对该产业提供政策扶持，提升其核心竞争力，将有利于出口，同时为经济增长作出贡献，因此应对其提供适当的支持政策。李斯特拓展了幼稚产业保护理论，他的主要思想是在制定贸易政策时需考虑国家利益和生产力的发展水平，贸易政策应与生产力的发展水平相适应。此外，他进一步提出有限保护假设，即设定一定的保护期限，在此期限内对某一产业实施关税保护，若超过保护期该产业仍没有成长起来，政府不再给予关税保护。幼稚产业保护理论对于我国保护、扶持新能源产业的发展有着重要的借鉴意义。

学术界已经对幼稚产业进行了许多不同的定义。最被广泛接受的定义是韦斯特法尔（Westphal）提出的。韦斯特法尔（1981）指出，幼稚产业是指"任何新建立的尚未成熟的产业，其现有的技术要素和人力资本无法提供直接的技术支撑"。技术学习和创新包括对技术知识的掌握以及在生产过程中有效使用技术知识的能力。因此，对幼稚产业的保护意味着创造必要的激励措施来激发对学习的投资，以便其在某一特定产业精通技术。然而，并非对每个幼稚产业都需要进行保护。斯密、穆勒等对传统幼稚产业的最早阐述仅仅强调了一个事实，即受保护的幼稚产业应创造必要的技能和经验，以使国内生产成本低于国外生产成本。穆勒（Mill，1871）和当时的经济学家一致认为，应将保护范围限制在合理的范围内，即可以预期该产业在经过一段学习期后能够在没有政府干预的情况下生存下来。因此，穆勒标准又称之为幼稚产业的判断标准，重点考察受保护产业未来的私人收益。然而，巴斯塔布尔指出，仅仅是该产业未来的私人收益不足以成为实施临时关税壁垒的理由，还必须满足一个附加条件，即早期保护该产业的社会成本要小于后期低生产成本所带来的社会效益。这一条件通常被称为"巴斯塔布尔标准"。坎普通过回顾穆勒—巴斯塔布尔（Mill-Bastable）幼稚产业标准，引入了第三个标准。他认为幼稚产业还需要考虑外部性问题，换句话说，如果一个产业具有外部效应，市场上任何其他产业可以免费利用其技术，使得本产业的收益减少，未来的收益也不能弥补最初的投资成本，那么政府应对其给予帮助。具有外部效应的产业，才能称之为幼稚产业。

坎普的讨论认可了穆勒等的经典学说，并且受到马歇尔、米德和约翰逊等众多经济学家的拥护[①]。他们认为，要促进对技术的投资，必须满足以下条件：一是在技术上投资的私人回报率和社会回报率之间应当存在很大的差异（后者优于前者）；二是这种差异是因为技术具有外溢性；三是受保护的产

---

① Criel G. The infant industry argument for protection: A reevaluation [J]. De Economist, 1985, 133 (2): 199 –217.

业未来能够实现盈利；四是保护该产业所付出的成本应小于将来收益的现值①。

综合来看，判别幼稚产业的标准主要有巴斯塔布尔标准、穆勒标准以及坎普标准。巴斯塔布尔标准关注当前成本和未来收益，穆勒标准重点考察生产成本，坎普标准则是在两者之上引入了外部效应。

当前关于幼稚产业的理论研究，主要基于以上这三个标准，还有学者从贸易政策、能源安全等方面进行了相关研究。总体而言，幼稚产业的概念可以从三个方面界定：第一，该产业占据重要的地位；第二，该产业处于发展初期，技术路线存在不确定性，若政府不给予扶持政策，其将在国际竞争中处于劣势地位；第三，经过一段保护期后，该产业规模逐渐发展壮大，在国际贸易中具有比较优势，有利于出口。

2.1.2　幼稚产业保护政策取向

能源是人类社会赖以生存的关键要素，也是经济增长的驱动力。当前我国新能源产业面对的是日益突出的能源供求矛盾、过度开采化石能源造成的大气污染等问题，根据麦肯锡公司发布的能源展望报告，到 2035 年，新能源发电量将占总发电量的一半。常规矿物能源的需求将提前达到峰值，预计 2029 年左右，石油消费需求达到峰值；2037 年左右，天然气消费需求达到峰值。国际能源机构的研究表明，2022 年以来石油价格持续上涨，各工业国家都在努力寻找石油资源的替代品，寻求国际社会的绿色发展之路。

20 世纪 70～90 年代的几次石油危机之后，许多国家开始关注新能源的综合利用。世界各国都制定了促进新能源发展的规划，从而推动新能源产业蓬勃发展。主要发达国家已经主导了行业的关键技术，而且新能源发电装机也集中在德国、美国等发达国家。相比之下，我国的新能源起步较晚，技术含量偏低，处于价值链的中游环节，核心技术还依赖进口，因此与国际新能源企业的竞争还处于不利地位。另外，我国光伏太阳能电池的市场主要是欧美国家，而

①　曹新，陈剑，刘永生. 可再生能源补贴问题研究 ［M］. 北京：中国社会科学出版社，2016：22－26.

没有转化为内销，这一点需要政府制定激励政策以刺激国内需求，促进我国能源结构的多元化发展，实现 2030 年碳排放达到峰值。

从当前来看，我国新能源产业仍然是一个年轻的产业，既有拉动经济增长之需，又有能源改革之诉求，需要像幼稚产业那样给予保护。然而，鉴于新能源产业巨大的发展潜力，以及政府工作报告对于新能源的高度重视，可以预见，在合适的制度框架下，我国新能源产业未来具有无限的发展潜力。

对于是否实施保护政策，理论界存在争议，新古典理论指出，在完全竞争市场上，政府保护会扭曲资源配置，造成社会福利的净损失；而幼稚产业保护论则强调在不完全竞争市场中，弱势方离不开国家的保护、扶植政策。传统的幼稚产业保护理论主张关税保护手段，随着国际资本市场逐渐形成，汇率波动更加频繁，这一切对幼稚产业的保护也提出了新的要求。虽然 WTO 规则允许发展中国家保护幼稚产业，但是有个约束条件，即不能超过保护期限。一些学者提出了通过价格补贴手段来减少国际贸易中的争端与冲突。也有学者提出了反驳观点，理由是补贴会扭曲资源配置，给地方政府造成财政负担。在现实世界确实存在失败的案例，无锡尚德就是一个典型，曾经的辉煌到最后的陨落，折射出光伏产业的整个兴衰历程。然而，根本原因是对幼稚产业的理解存在偏差，从而导致了实践的不成功。

对新能源产业的保护应立足于培育产业的竞争力和自生能力。首先要加大对基础科学研究的投入，对企业研发提供税收减免，促进新能源技术创新；其次是建立好的制度，尤其是产权制度、专利制度，引导投资新能源产业，增加资本存量，提升竞争力。只有对新能源产业提供过渡性的保护政策，才能促进其健康发展，在激烈的价格竞争中立于不败之地，并牢牢占据能源产业发展的制高点。此外，在新能源企业之间开展竞争是必要的，避免因垄断而造成保护落后的现象出现。

2.2　外部性理论

外部性是市场失灵的具体表现，而市场失灵是由于经济主体的自利行为无法实现帕累托最优市场均衡（Kawata，2010）。外部性分为两种类型：由马歇尔提出的金融外部性与庇古主张的技术外部性。只要假设经济主体是自利的，外部性理论就可以成立。毋庸置疑，自利假设是经济学存在和发展的根基。关于自利的定义，《管子》中有"故利之所在，虽千仞之山无所不上"的相关记载。① 由此可见，中国传统的经典著作已经蕴藏着经济学的思想。另外，亚当·斯密的《国富论》从进化论角度分析了人性假设，他认为自利是因为竞争的存在，物竞天择，适者生存。自利行为的例子还有趋利避害、断指存腕等。然而，值得注意的是，自利并不一定非要损人。很多时候，为了实现利己的目标，利他是成本最低的策略。根据以上分析，基于自利假设的外部性理论有其存在的合理性。外部性使得市场无法自发实现资源的合理配置，因此，需要政府通过制度设计来规范市场主体的行为。

2.2.1 传统能源的负外部效应

传统能源又称为化石能源，是由古代生物的化石沉淀而来。第一次工业革命以后，煤炭成为这一时期的主要燃料；而随着第二次工业革命的到来，石油以及天然气逐渐得到推广、应用，人类开始迈进电力时代。然而，随着人类能源消费的不断增加，特别是化石能源消费的猛增，引发了一系列的生态环境问题，例如温室效应、土壤污染等。这就是传统能源形成的负外部效应。

传统能源的负外部效应主要通过私人成本和社会成本来分析，如图 2.1 所示。

在图 2.1 中，SAC 表示传统能源发电的社会平均成本，PAC 表示传统能源发电的私人平均成本，PMC 表示传统能源的私人边际成本，P_0 表示传统能源的市场价格。由于传统能源发电过程中排放二氧化碳而并没有为此付出相应的成本，因此，社会平均成本要高于私人平均成本，正如图 2.1 所示的 SAC 高于 PAC。

---

① 李琳，杨柳.《管子》与《国富论》的经济思想比较 [J]. 经济问题探索，2012（10）：13 - 17.

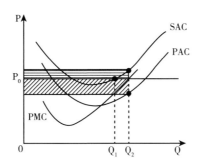

图 2.1　负外部效应分析

当市场价格等于 P_0 时，按照社会收益等于成本，则传统能源企业的发电量应该为 Q_1，而此时社会平均成本 SAC 大于企业的私人平均成本 PAC，根据边际收益等于边际成本的原则，传统能源企业的发电量达到 Q_2。由图 2.1 可知 $Q_2 > Q_1$，说明传统能源的供给大于需求。此时，传统能源企业的利润为下阴影面积。当传统能源企业的发电量为 Q_2 时，社会平均成本要大于企业的收益，导致的福利损失为上阴影面积。由此可见，在存在负外部效应的情形下，市场处于失灵状态，无法实现资源的有效配置。

而解决方式就是把传统能源企业的平均成本提高，使之等于或者接近社会平均成本曲线。从经济学角度看主要有三种解决方案：第一，按照谁污染、谁治理的原则，国家制定完善的环境法律体系，增强企业的环境保护责任，被称为成本内生化。通过制定严格的碳排放和二氧化硫等污染物排放标准，强化传统能源企业履行社会责任，倒逼企业进行能源技术创新，加快推进新能源科学发展，以减少传统能源的负外部效应。第二，对传统能源企业征收污染税，以此来提高企业排污的成本，增强企业节能减排的压力。当前我国的能源利用效率远低于发达国家，不利于能源资源的永续利用，也对自然环境产生了负外部性。征收污染税可以促进企业进行节能减排和技术突破，实现绿色低碳的能源发展目标，弱化传统能源带来的负外部性。第三，明确界定产权归属，降低交易费用。清晰的产权制度能够有效减少传统能源的外部性与能源发电商的机会主义行为。通过这三种制度安排可以减少传统能源给社会带来的负外部效应。

在新能源市场推广过程中，对常规化石能源进行管制显得尤为重要。通过实施严格的管控制度，增加传统能源企业的外部成本，促使企业转变煤炭利用方式，提高能源清洁化程度，以减少对环境的危害。同时，还可以缩减新能源与常规能源发电成本的差距，进一步扩大新能源产业的市场规模。另外，传统能源发电成本的提高会传导给能源消费者，如会直接增加能源消费企业的生产成本，促进其进行能源技术创新与突破，以期占据竞争优势。

2.2.2 新能源的正外部效应

相对于传统能源，新能源具有绿色低碳的特点，会对社会产生显著的正外部效应。新能源产业带来的正外部效应与传统能源的负外部效应正好相反，如图2.2所示。

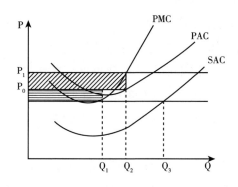

图2.2 正外部效应分析

在图2.2中，PAC 表示新能源发电的私人平均成本，SAC 表示新能源发电的社会平均成本，PMC 表示新能源的私人边际成本，P_0、P_1 表示新能源的市场价格，Q_1、Q_2、Q_3 表示新能源发电量。从图2.2可以看出，社会平均成本曲线 SAC 处于私人平均成本曲线 PAC 的下方，是因为新能源企业为社会提供电力时，部分成本没有得到支付而导致私人成本比较高。也就是说，新能源企业主动承担了环境保护的责任，在发电过程中尽量不排放或少排放污染物，因此产生较高的发电成本。

当能源价格等于 P_0 时，按照最优生产策略，边际收益 MR 等于边际成本 MC，此时新能源企业的发电量为 Q_1。假设在此价格下，能源消费需求为 Q_3。

由图 2.2 可知 $Q_1 < Q_3$，即新能源企业增加供给的意愿不能满足能源需求，从而引发市场失灵。此时新能源企业处于亏损状态，没有盈利，如图 2.2 中的下阴影面积。这时能源价格甚至低于平均成本曲线，因此不会产生能源供给。要想解决这个问题，必须降低新能源企业的发电成本，使之接近社会平均成本曲线 SAC。有效的解决方案就是对新能源企业实施补贴制度。补贴的形式主要有直接补贴、价格补贴和税收优惠等。

第一，直接补贴，即在新能源企业成立初期给予一定的资金补助，降低其自有资金的投入。例如，对风力发电设备给予资金支持、对光伏并网项目予以 50% 的初装补贴、对太阳能光电建筑也给予适当补助等。直接补贴理论上是可行的，在实践中却存在一些问题。例如，一些企业虚报项目规模，骗取国家补贴，丝毫不关心项目投产是否顺利，导致资金利用效率低下。此外，直接补贴机制的监管成本比较高，而且会加重地方政府的财政包袱，最终的补贴结果不太理想。第二，对新能源上网电价进行补贴，即价格补贴。在能源市场价格基础之上，按照各地区资源禀赋提供相应的补贴，提高新能源企业的供给意愿，满足能源消费需求，新能源企业也因此获得可观的利润，如图 2.2 中的上阴影面积。价格补贴的优点是提升了企业投入资金的效率，激励更多企业进入市场，从而增加供给。从长期来看，能源企业之间的竞争推进企业不断进行技术创新，增加新能源的供给，市场供给的增加会使新能源价格下降。第三，对新能源企业实施税收优惠制度。减税或优惠税率属于间接补贴的范畴。目前国家已对风能、太阳能、生物质能发电减免消费税。在新能源企业成立之初，按 6% 征收增值税或者在规定时间内将增值税返还给新能源企业。另外，新能源设备进口享受税收减免。当然，地方政府也实施了相关减税政策，例如上海市对高新技术企业实行所得税优惠制度。

新能源产业发展面临着诸多政策影响。新能源企业的发电成本明显高于常规能源企业的发电成本，在能源交易市场中处于非常不利的地位。新能源企业的发展主要依赖于投资项目是否有良好的回报预期。随着生产力的迅猛发展，人们生活水平持续改善，对能源的需求也日益增长，能源产业具有巨大的发展前景。然而，仅依赖化石能源来满足未来的能源需求是不可持续的。从能源安全角度看，大力开发新能源能够减少对外依存度；从生态环境角度看，传统化石能源已经产生了一系列环境问题，例如臭氧层破坏、生物物种突变、酸雨等，亟须发展新能源以实现"能源中国梦"。从经济增长方式转型角度看，新能源产业属于高科技产业，不但与设备制造业紧密相连，而且与新材料等产业息息相关。开发利用新能源可以带动相关产业的发展，并能提升经济发展质量。

2.3 交易成本理论

2.3.1 交易成本

交易成本，也可以称为交易费用，是科斯于 1937 年首次提出的。交易成本理论打破了新古典经济学的研究范式，提出交易成本为正的研究假设。科斯创造了一个新的企业概念，研究了企业的行为及其绩效，分析了企业为什么存在、哪些因素影响企业内部交易，以及企业之间的关系（Hobbs，1996）。科斯（1988）还确定了价格机制如何应用于企业内部，指出价格机制不适用于自给自足的企业。对于科斯而言，企业是契约的联结（Williamson，1981）。企业通过降低组织和协调生产资源的成本来推动更高的经济效率（Ravenscraft，1991）。这些成本后来被称为"交易成本"，是交易成本理论的基础。这些交易成本包括预测价格的成本、谈判成本、长期契约中指定交易细节的成本、交易行为产生的成本以及违约的成本（Chiles，1996）。

威廉姆森将效率描述为交易成本理论的基础。他认为要了解企业内部的效率极限，只有两种可能：要么企业自己生产组件，要么从外部购买缺少的组件。马赫和里奇曼（Macher and Richman，2008）认为，在交易成本为正的情形下，必须对合约进行监管。威廉姆森（1981）指出"当商品或服务通过不同的技术界面进行转移时，交易就会产生。经济活动的一个阶段结束，另一个阶段开始。有了运行良好的平台，就像运行良好的机器一样，这些交易就可以顺利进行。"威廉姆森的这段描述表明，只要资源禀赋发生"转移"，交易就会随之产生。

霍布斯（Hobbs，1996）将交易成本描述为进行任何交换或交易的成本，无论是在企业内部交易还是在市场上交易，交易成本通常都会存在，无论企业坐落在何地，无论是市场中的垂直整合企业，还是在计划经济体系中，交易成本一直存在。表 2.1 列出了交易成本的类型与来源，根据霍布斯和杨（2000）的文献，交易成本可以划分为事前交易成本（ex ante costs）、事中交易成本以及事后交易成本（ex post costs）。

表 2.1　　　　　　　　　　　　交易成本的类型与来源

交易成本类型		交易成本来源	有形的交易成本
事前交易成本	搜寻成本	缺乏相关产品研发、价格、市场、供给、需求等方面的知识	促销成本（广告费用）；差旅费；个人时间成本
	筛选成本	潜在供应商/消费者的可靠性；产品/服务实际质量的不确定性	咨询费用或服务费；信用评级筛查费用
事中交易成本	谈判成本	交易双方的目标和利益冲突；参与者交易意愿的不确定性；契约中权力和责任的不确定性	许可费用；保险费用
事后交易成本	转移成本	产品/服务转让的法律或伦理道德约束	处理/储存费用
	监督成本	产品/服务质量可能存在不确定性	产品检测费用；产品数量度量费用等
	重新谈判成本	更新契约；设置新的条款	法律费用

威廉姆森界定了交易的三个特征，即不确定性、交易频率与资产专用性。马赫和里奇曼（2008）将不确定性定义为围绕交易可能发生的、不可预测的偶然事件。不确定性也可以指商业环境中不能预测的变化。阿罗和库普曼斯拓展了经济模型，将不确定性纳入经济主体的决策过程，强调了信息对于起草合约的重要性。交易的频率，顾名思义，是指同类交易发生的次数。交易频次越多，交易双方对彼此的依赖性就越强（Johanson and Mattsson，1987；Heide and John，1988）。资产专用性和沉没成本的内涵相关，当某一资产只能用于特定的用途时，则被称为专项资产；反之，则称为通用性资产。威廉姆森将资产专用性描述为交易中最重要且容易被忽视的因素。资产专用性主要体现在三

个方面：地理区位、物质资产以及人力资产专用性。在一家企业成立之前，应研究地理区位的特殊性，因为地理区位决定着存储和运输成本。当生产过程需要一个关键零件时，就会产生物质资产专用性，这是在决策中要考虑的非常重要的因素（Williamson，1984）。人力资产专用性被帕尔曼（Pohlmann）和阿吉亚尔（Aguiar）等学者定义为"边干边学"的过程，在此过程中，经济主体获得所需的特定能力。换句话说，人力资产表示组织中员工的专有知识和技能，可以用劳动生产率来衡量（Koch，1996）。

帕尔曼等学者还指出，除了预期会向特定客户出售大量产品以外，否则供应商不会进行专用性投资。例如，投资汽车零部件的供应商会选择投资汽车商店。威廉姆森（2010）认为，可能会出现更多的资产专用性类型，包括品牌资产的专用性和临时专用资产。品牌资产的专用性在特许经营领域尤为重要。临时专用性强调交易的价值主要取决于时间，这对于易腐烂的产品格外重要。

此外，交易成本还基于两项基本假设：有限理性和机会主义。有限理性是指市场参与者在主观上追求理性，但是由于信息的不完全性以及环境的不确定性，参与者只能在有限的程度上做到理性。里奇曼、马赫和威廉姆森描述了机会主义行为，以及如何抑制机会主义行为。他们重点关注各项制度安排，以最大程度地减少交易的预期总成本。在企业层面，古拉蒂和辛格（Gulati and Singh，1998）认为信任在企业联盟中起着重要作用。由于企业之间的重复交易会产生信任，更有可能形成战略联盟，从而降低了交易成本（Gulati，1995）。

2.3.2 交易成本与新能源产业发展

交易成本的存在直接影响能源生产的成本与能源交易的绩效。在交易成本为零的情况下，新能源企业只有生产成本，即在产生电力过程中消耗的相关费用。当交易成本为正时，新能源企业的总成本等于生产成本加上交易成本。如图 2.3 所示，假设新能源企业的生产成本为随发电量增加而上升的直线。当交易成本存在时，新能源企业的总成本随着交易成本的增加而呈增加趋势。因此，对交易成本进行控制对于降低新能源企业的总成本具有重要的现实意义。

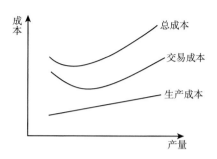

图 2.3　总成本与交易成本关系

新能源企业的交易成本与市场环境密切相关，该市场环境包括正式制度和非正式制度，正式制度主要指法律、政策等具有强制性的制度安排，非正式制度是指伦理、道德等非强制性的软制度。从宏观层面来看，交易成本的存在影响整体经济发展水平；从微观层面来看，交易成本决定了新能源产品的成本。随着市场经济越来越发达，为交换发展的部门越来越多，这使得许多潜在的交易成为可能，交易成本也越来越成为一个引人瞩目的问题。

2.4　激励理论

2.4.1　激励及激励理论

激励理论用来解决委托—代理关系中的信息不对称问题。随着研究的深入，动态博弈理论已经引入到委托—代理关系中（Gong and Fan，2019）。激励，顾名思义，即刺激加上鼓励，其概念最早起源于心理学。激励本质上是一种心理状态，通过物质手段或者精神鼓励来影响经济主体的行为，从而实现个人或组织的目标。激励政策，从管理学角度来看，是激励主体通过声誉激励、股权激励等多种激励手段对激励客体施加影响的制度安排。李有祥（2006）从委托代理角度进行了定义，他将激励政策界定为委托人积极设计合理的制度安排来激发代理人的热情，使代理人同时实现个人与社会收益的最大化。

对于激励的理论研究，国内外学者主要基于委托—代理理论、交易费用理论和企业理论等方面分析了激励制度。从委托—代理理论角度来看，激励制度是委托人针对代理人设计的一整套制度安排，以减少委托人的监督费用。在激励相容约束下，代理人要分担一部分风险。从交易费用视角来看，阿尔奇安和德姆塞茨认为企业内部的团队生产效率高于市场，而且可以节省交易成本。他们对交易成本的研究范式进行了拓展，强调产权归属和激励的重要性。从企业理论角度来看，贝利和米恩斯学者探讨了现代公司中经营者的激励制度，以降低企业的代理成本。例如，徐传谌（1997）重点研究了国有企业管理者的激励制度，朱秋白和颜蕾（2002）探讨了国企和民营企业公司治理结构的区别，赵驹（2013）、罗知和赵奇伟等（2015）也进行了类似的研究。学者们关于激励理论的探讨，为后续分析新能源发展的激励政策作出了铺垫。

激励理论是制度经济学、博弈论和管理学的重要内容，从逻辑和学理角度理解激励政策是必要的。激励政策是指在一定约束条件下，通过特定的激励措施，来实现既定目标的制度框架。其中，制度框架主要包括产权结构、政治结构、社会结构等。在本书中，激励政策是指用来调动新能源生产商、电网企业等发展新能源产业积极性的各种激励手段，促使他们主动追求个人效用和社会福利最大化的一系列制度安排。激励制度包括激励主体（主要是政府）、激励客体（主要指新能源生产商）、激励目标、激励方式和激励环境五个构成要素。具体如图2.4所示。

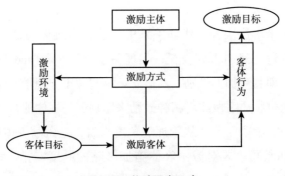

图2.4 激励要素示意

从图2.4可知，激励主体，即新能源产业发展战略的政策制定者，主要指政府，激励客体是新能源激励政策的对象，主要指新能源发电商。激励方式主要有直接财政补贴、税收优惠、融资支持等。激励目标是激励主体通过一定的激励方式，引导激励客体的行为，从而实现组织和个人的目标。本书中，激励目标是指改善能源结构、促进技术进步、提升能源清洁化程度等。激励环境是激励政策的载体，激励主体通过营造良好的激励环境，激发新能源企业的创新潜力，以达到既定的目标。新能源激励政策是以减少碳排放和保护生态环境为出发点，通过财政补贴、税收激励与金融支持政策，促进新能源产业发展过程中私人成本和社会成本的对应，建立长效机制，实现新能源技术突破。

2.4.2　激励基本模型

政府作为公共利益的代表者，担负着发展新能源的使命，以推动能源转型和降低碳排放。从委托—代理理论来看，政府部门为了实现产业结构的合理化和高度化，激励企业开发利用新能源，委托—代理关系形成。由于存在信息不对称，代理人（企业）可能不按委托人（政府）收益最大化行动，委托代理问题是不可避免的。

假设 a 表示代理人的努力程度，A 意味着代理人的策略组合，θ 为外生随机变量，$G(\theta)$ 和 $g(\theta)$ 分别为 θ 的分布函数和密度函数，在代理人选择策略 a 后，外生随机变量 θ 实现。a 和 θ 共同决定可观测的结果 $x(a, \theta)$ 与产出 $\pi(a, \theta)$，并且 $\pi(a, \theta)$ 的所有权属于委托人。假定 π 是 a 的严格递增的凹函数，即给定 θ，代理人越努力，收益越高，同时，π 是 θ 的递增函数。

代理人的期望效用为 $\mu(s(\pi)) - c(a)$，委托人的效用为 $v(\pi - s(x))$，其中 $v' > 0$，$v'' \leq 0$；$u' > 0$，$u'' \leq 0$；$c' > 0$，$c'' > 0$，表明委托人与代理人均是风险中性者。假定 $\frac{\partial \pi}{\partial a} > 0$ 且 $c' > 0$，$\frac{\partial \pi}{\partial a} > 0$ 表示委托人希望代理人多努力，$c' > 0$ 则表示代理人倾向于偷懒或者不努力。

委托人的期望效用函数为：

$$\max_{a,s(x)} \int v(\pi(a,\theta) - s(x(a,\theta)))g(\theta)d\theta$$

$$\text{s. t. (IR)} \int u(s(x(a,\theta)))g(\theta)d\theta - c(a) \geq \bar{u} \qquad (2.1)$$

$$\text{(IC)} \int u(s(x(a,\theta)))g(\theta)d\theta - c(a) \geq$$

$$\int u(s(x(a',\theta)))g(\theta)d\theta - c(a'), \forall a' \in A$$

其中，IR 为参与约束；$\bar{u}$ 为保留效用，表示代理人没有参与合约时能得到的最大期望效用；IC 为激励相容约束。

假设政府不能观测到企业的行动选择 a 和外生随机变量 θ，只能考核产出 π。在这种情形下，政府只能通过激励契约 s(π) 引导企业的行为。假定企业有两个可能的选择，投资新能源或者投资传统能源，N 代表新能源，T 代表传统能源。假设产出 π 的最大值为 $\bar{\pi}$，最小值为 $\underline{\pi}$。若企业选择投资新能源（a = N），那么 π 的分布密度和分布函数分别为 $f_N(\pi)$ 和 $F_N(\pi)$；如果企业选择投资传统能源（a = T），那么 π 的分布密度和分布函数分别为 $f_T(\pi)$ 和 $F_T(\pi)$。假定对于所有的 $\pi \in [\underline{\pi}, \bar{\pi}]$，$F_N(\pi) \leq F_T(\pi)$，即分布函数满足一阶占优条件，$\frac{\partial F}{\partial a} < 0$。假设 c(N) > c(T)，即投资新能源的成本比投资传统能源的成本高。政府希望企业选择 a = N，此时企业的激励相容约束表明 $\frac{\partial s}{\partial \pi} \neq 0$。

综合以上分析，本节的激励模型如下所示：

$$\max_{s(\pi)} \int v(\pi - s(\pi))f_N(\pi)d\pi$$

$$\text{s. t. (IR)} \int u(s(\pi))f_N(\pi)d\pi - c(N) \geq \bar{u} \qquad (2.2)$$

$$\text{(IC)} \int u(s(\pi))f_N(\pi)d\pi - c(N)$$

$$\geq \int u(s(\pi))f_T(\pi)d\pi - c(T)$$

其中，IC 为激励相容约束。

2.5 本章小结

本章梳理了相关理论基础，主要包括幼稚产业保护理论、外部性理论、交易成本理论和激励理论。幼稚产业保护理论认为新能源产业是一个年轻的产业，既有拉动经济增长之需，又有能源改革之诉求，需要像幼稚产业那样给予保护。而且，对新能源产业的保护应立足于培育产业的竞争力和自生能力。外部性理论经历了从新古典经济学家马歇尔的"外部经济"，到福利经济学之父庇古的"庇古税"，再到新制度经济学家科斯的"科斯定理"，其主张外部效应内部化（沈满洪和何灵巧，2002）。外部性理论的演化阶段也体现出经济理论的不断发展与创新。新能源产业的发展具有外部效应，因此，运用外部性理论来研究新能源发展的相关政策具有重要的指导意义。交易成本理论是新制度经济学最根本、最关键的理论之一。在交易成本为零的情形下，价格机制可以自发解决资源配置问题。而在交易成本为正的世界中，价格机制处于失灵状态，需要制度进行介入。新能源产业具有前期投资较大、项目风险高等特征，融资者需要投入大量时间和精力说服投资人进行投资，无形中增加了交易成本。同时，新能源与传统能源相比，技术性和知识性较强，投资人需要搜寻海量信息来了解新能源，交易成本随之增加。通过合理的激励机制，降低交易成本，使新能源企业的外部效应内部化。激励理论主要用来解决企业与政府之间的信息不对称问题，以减少道德风险与逆向选择行为。这些理论都是本书研究新能源政策优化的重要理论依据。

第3章

中国新能源高质量发展的
政策作用机制分析

在完全市场上，价格机制处于主导地位，但是价格机制也存在失灵的时候，此时需要政府适当的介入。新能源具有含碳量少、可再生等优点，正外部效应明显。正外部性导致新能源厂商的边际收益低于社会边际收益，如果政府不采取激励措施，新能源的产出无法实现帕累托最优。在众多激励手段中，财政政策、税收政策和金融政策处于核心的地位。因此，在实现"双碳"目标的过程中，这三项政策发挥着重要作用。只有充分研究新能源政策的作用机理，才能提高政策的产出效果。本章首先分析了新能源财政、税收和金融政策的内生机理，其次探讨了这三项激励政策的运行机制，并在此基础上进一步分析了政策的预期效应。

3.1　中国新能源政策的内生机理

新能源政策是指直接或间接推动新能源发展的一系列方针、措施，主要包括财税激励政策、金融支持政策、价格激励政策等，具体如表3.1所示。本节重点剖析财政、税收和金融激励政策。

表 3.1 中国新能源政策分类

政策类型	相关政策
财税激励政策	财政补贴、税收激励（直接优惠、间接优惠）
金融支持政策	优惠利率政策、放宽信贷配额政策、设立公益基金等
价格激励政策	固定价格、浮动价格、配额制、绿色价格

由表 3.1 可知，财税激励政策主要包括财政补贴和税收激励，是当前国际上比较推广的一种手段。财政补贴的对象不仅包括新能源生产者，还包括新能源消费者。对于新能源厂商来说，财政补贴可以直接降低生产成本，从而降低新能源产品的出厂价格，最终影响企业的投资决策；对于新能源消费者来说，补贴可以影响消费者的偏好，从而间接影响新能源厂商的投资规模。税收激励是指对一些征税对象予以一定照顾的规章制度，目的是保证税收的效率和公平。税收政策涉及关税、增值税、企业所得税等税种，能够减轻新能源企业的税收负担，提升预期收益，从而激励新能源企业进行创新活动。同时，税收政策可以产生收入效应和替代效应，从而优化能源生产和消费结构，实现产业结构的合理化。金融支持政策主要包括优惠利率、放宽信贷配额、设立公益基金等。优惠利率政策可以降低新能源投资成本，放宽信贷配额政策可以增加新能源资金供给，设立公益基金可以缓解新能源企业融资约束。价格激励政策一般针对新能源电力产品，主要包括固定价格、浮动价格、配额制以及绿色价格等。固定价格是指国家强制入网，国家直接规定新能源电力的上网价格；浮动价格是指以传统电力的销售价格为基础，根据合适的比例浮动；配额制意味着生产者在其电力产品供给中，新能源发电量必须占有一定的比重；绿色价格意味着通过绿色证书机制，鼓励消费者购买绿色电力。由于财政、税收和金融激励政策占据重要地位，所以接下来本章重点探讨这三项激励政策的作用机理，以提高政策的扶持效率。

（1）财政补贴政策的作用机理。财政补贴政策是政府职能的客观反映，也是国家宏观调控的主要方式。财政具有配置资源、分配收入、监督管理等职能。发展新能源与财政的基本职能相吻合，符合财政体系的内在要求。新能源技术含量高，开发、储存和利用过程都需要高端的技术和工艺，需要投入大量的研发资金和人力资本，研发效果存在较大的不确定性，所以需要政府适当介入，实施财政补贴政策。

财政补贴是政府转移支付的重要工具，对新能源生产与消费起到导向作用。通过有倾向性的财政补贴政策，能够吸引社会资本进入新能源产业，从而扩大新能源企业的生产规模，弥补"无形之手"的缺陷，推动新能源产业的健康发展。财政补贴的作用主要包括两个维度：从生产者维度看，对新能源生产者给予一定的补贴，可以大幅降低新能源的发电成本，提高能源利用效率，从而扩大新能源市场份额，在国际竞争中保持优势；从消费者维度看，对新能源消费者进行补贴，能够降低消费者的购买成本，从而影响消费者的偏好，鼓励消费者使用新能源电力产品，进而形成绿色低碳的消费理念。

①对新能源生产者的补贴。对新能源生产者给予财政补贴，供给曲线和需求曲线的变动情况如图 3.1 所示。

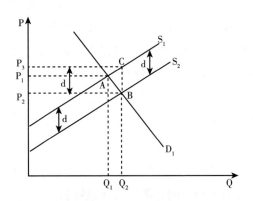

图 3.1　对新能源生产者财政补贴的效应图

如图 3.1 所示，S_1 为新能源生产者的供给曲线，D_1 为需求曲线，新能源产品的价格 P 与数量 Q 由 S_1 和 D_1 共同决定。S_1 和 D_1 的表达式如下：

$$S_1 = -a + bP \tag{3.1}$$

$$D_1 = c - eP \tag{3.2}$$

当不存在财政补贴时，供给曲线 S_1 和需求曲线 D_1 相交于 A 点，这时新能源产品的均衡价格为 P_1，对应的均衡数量为 Q_1。当 $S_1 = D_1$ 时，P_1 和 Q_1 的形式如下：

$$P_1 = \frac{c + a}{b + e} \tag{3.3}$$

$$Q_1 = \frac{bc - ea}{b + e} \tag{3.4}$$

当政府决定对新能源实施财政补贴时，供给曲线由 S_1 向右下方平移到 S_2。假定政府对每单位新能源产品补贴 d 元，那么供给曲线 S_2 变成：

$$S_2 = -a + b(P + d) \tag{3.5}$$

新的供给曲线 S_2 和需求曲线 D_1 相交于 B 点，均衡点由原来的 A 点变成 B 点，均衡价格为 P_2，均衡数量为 Q_2，P_2 和 Q_2 表达式如下：

$$P_2 = \frac{c + a - b \times d}{b + e} \tag{3.6}$$

$$Q_2 = \frac{bc - ea + eb \times d}{b + e} \tag{3.7}$$

由此可知，新能源生产者的价格 P_3 是在 P_2 的基础上加上 d 得到的。研究财政补贴的经济效应可以发现，新能源财政补贴的总量为 $(P_3 - P_2) \times Q_2$，对于新能源生产者来说，价格上升了 $(P_3 - P_1)$，因此获得的补贴金额为 $(P_3 - P_1) \times Q_2$；对于新能源消费者而言，价格下降了 $(P_1 - P_2)$，对应的补贴金额为 $(P_1 - P_2) \times Q_2$。新能源生产者的补贴 $(P_3 - P_1) \times Q_2$ 加上新能源消费者的补贴 $(P_1 - P_2) \times Q_2$ 正好等于补贴总量 $(P_3 - P_2) \times Q_2$。由此可见，新能源生产者与新能源消费者分享了财政补贴。至于新能源生产者和新能源消费者获得补贴的金额大小取决于 S_1 的斜率，也就是 b 的大小。综合以上分析，对新能源生产者进行财政补贴，能够引导新能源生产者增加研发投入，增强核心竞争力，实现新能源的集群化发展。

②对新能源消费者的补贴。新能源消费者作为市场需求方，对新能源生产者的决策行为产生重大影响。新能源电力产品由于价格高于传统能源而没有得到广泛应用，为了推广新能源产品，国家有必要实施财政补贴政策。政府对新能源消费者予以一定的补贴，可以提升消费者的购买能力，从而引导消费者购买新能源产品。新能源消费者的补贴效应如图3.2所示。

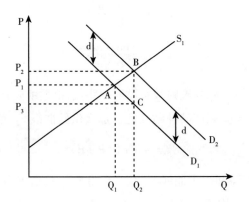

图 3.2　对新能源消费者财政补贴的效应图

假设政府对新能源产品实施财政激励政策。在 D_1 曲线上的任意一点 e，消费者愿意支付的最高价格为 P_e，对应的新能源产品数量为 Q_e。当国家对新能源电力每单位补贴 d 元后，新能源生产者预估消费者愿意支付的最高价为 $(P_e + d)$。也就是说，在国家执行财政补贴政策后，新能源产品需求曲线会由原来的 D_1 向右平移到 D_2，换句话说，在同等价格水平 P_e 下，新能源产品的需求量会增加。D_1 和 D_2 之间的距离即补贴数量 d。

当不存在财政补贴时，供给曲线 S_1 和需求曲线 D_1 相交于 A 点，这时新能源产品均衡价格为 P_1，对应的均衡数量为 Q_1。P_1 和 Q_1 的表达式如下：

$$P_1 = \frac{c + a}{b + e} \tag{3.8}$$

$$Q_1 = \frac{bc - ea}{b + e} \tag{3.9}$$

当政府对新能源消费者进行补贴后，需求曲线由原来的 D_1 变为 D_2，D_2 的表达式如下：

$$D_2 = c - e(P - d) \tag{3.10}$$

新的需求曲线 D_2 与供给曲线 S_1 相交于 B 点，对应的均衡价格为 P_2，均衡数量为 Q_2，具体形式如下：

$$P_2 = \frac{c + a + e \times d}{b + e} \tag{3.11}$$

$$Q_2 = \frac{bc - ea + eb \times d}{b + e} \qquad (3.12)$$

在均衡点 B 点上，新能源生产者的价格是 P_2，新能源消费者实付价格是 $(P_2 - d)$，即从 P_2 点向下平移 d 个单位，对应的价格是 P_3。

综合以上分析，新能源生产者和新能源消费者均从财政补贴政策中获益。从新能源生产者角度来说，新能源价格从 P_1 上升到 P_2，新能源销量从 Q_1 增加到 Q_2，获益 $(P_2 - P_1) \times Q_2$；从新能源消费者角度来说，用户实际支付的价格由 P_1 下降到 P_3，需求量由 Q_1 增加到 Q_2，获益 $(P_1 - P_3) \times Q_2$。然而，新能源生产者和新能源消费者谁得到的补贴更多，这取决于需求与供给的价格弹性。所以，对新能源消费者进行补贴，能够降低新能源相对价格，鼓励用户购买新能源产品，扩大新能源市场，以实现碳中和的目标。

（2）税收激励政策的作用机理。税收激励政策是政府调节经济的重要杠杆，能够弥补"无形之手"的不足，从而平抑经济波动，优化能源供给结构，提升社会福利水平。税收激励主要包括税率式激励、税基式激励和税额式激励。税率式激励是指通过税率优惠的手段完成激励的目标，例如，对部分新能源企业实行6%的税率，可以降低新能源企业的生产成本，增加企业的收益。税基式激励是指通过缩小税收征管的范围来减轻新能源企业的税负，例如，对新能源企业实施加计扣除政策，鼓励新能源企业增加研发投入。税额式激励是指通过减少应缴税额的手段平滑新能源企业投资的风险，激励社会资本进入新能源领域，培育和壮大新能源市场。总体而言，政府通过税收激励来引导新能源企业提高创新产出，具体的作用机制通过数理推导来展示。

本节将税收作为经济增长的要素纳入分析框架，探讨税收激励对新能源产出的影响机理。

假定新能源企业的生产函数为：

$$Q(t) = F[A(t), W(t), I(t)] \qquad (3.13)$$

其中，Q 表示新能源产出，A 表示资金投入，W 表示人力资本投入，I 表示技术要素。假定 $I(t) = e^{xt}$，I 的起始值设为 1，同时，I 以 x 的速率增加。生产函数 Q 符合稻田条件，要素的边际报酬为正且呈递减态势。

将"有效人力资本投入"定义为：

$$\widehat{W} = W \times I(t) \tag{3.14}$$

其中，$\widehat{W}$ 表示有效人力资本投入，W 表示初始人力资本投入，I（t）表示技术要素。在这种情况下，生产函数 Q 的表达式为：

$$Q = F(A, \widehat{W}) \tag{3.15}$$

那么，有效人力投入的平均产出如下：

$$\widehat{Q} = Q / \widehat{W} \tag{3.16}$$

有效人力投入的平均资本如下：

$$\widehat{A} = A / \widehat{W} \tag{3.17}$$

这时，生产函数形式转变为：

$$\widehat{Q} = f(\widehat{A}) \tag{3.18}$$

人力投入的边际产出表达式如下：

$$\frac{\partial Q}{\partial A} = f'(\widehat{A}) \tag{3.19}$$

资金投入的边际产出表达式如下：

$$\frac{\partial Q}{\partial W} = [f'(\widehat{A}) - \widehat{A} \times f'(\widehat{A})] e^{xt} \tag{3.20}$$

假定资本存量以 α 的速率折旧，且 $\alpha \geq 0$，那么资本的净收益为 $R - \alpha$。假定银行利率设为 r，资本与贷款两者之间能够替代，因此，r 的表达式如下：

$$r = R - \alpha \tag{3.21}$$

那么，新能源企业的利润如下：

$$y = F(A, \widehat{W}) - (r + \alpha) \times A - s \times W \tag{3.22}$$

其中，s 表示工资率。

进一步，新能源企业的税后利润为：

$$y_1 = (1 - t_1) \times \widehat{W} \times [\, f(\widehat{A}) - (r + \alpha) \times \widehat{A} - s \times e^{xt}\,] \qquad (3.23)$$

其中，y_1 表示税后利润，t_1 表示税率，r 与 s 为给定值，在 $\widehat{W}$ 一定的情况下，新能源企业 y_1 最大化的条件是：

$$f'(\widehat{A}) = (r + \alpha)/(1 - t_1) \qquad (3.24)$$

联合式（3.19）和式（3.24），可以得到：

$$\frac{\partial Q}{\partial A} = (r + \alpha)/(1 - t_1) \qquad (3.25)$$

在市场出清状态下，s 等于人力投入的边际产出，$\widehat{A}$ 满足如下条件：

$$s = [\, f(\widehat{A}) - \widehat{A} \times f'(\widehat{A})\,] e^{xt} \qquad (3.26)$$

联合式（3.20）和式（3.26），可以得到如下公式：

$$\frac{\partial Q}{\partial W} = [\, f(\widehat{A}) - \widehat{A} \times f'(\widehat{A})\,] e^{xt} \qquad (3.27)$$

从式（3.25）可以看出，当 t_1 下降时，新能源资金投入的边际产出会增加。也就是说，当国家采取税收激励政策时，新能源公司投入一单位资金，新能源公司的边际产出会提高。

（3）金融支持政策的作用机理。新能源的规模化发展需要巨大的资金，除了财税政策以外，还需要金融方面的扶持。金融作为经济的润滑剂，为新能源产业的高质量发展提供了资金保障。新能源的推广和应用离不开金融的系统扶持，金融扶持已经贯穿新能源发展的全过程，从新能源产品的研发设计到示范推广，从产业化到市场化，金融机制均发挥着重要的作用。有效的金融政策能够降低能源市场的交易成本，减少投资者和新能源企业之间的信息不对称，减少道德风险与逆向选择行为，从而推动新能源产业的高质量发展。本节基于资本形成、信息披露以及风险防范机制，深入剖析金融支持新能源发展的作用机理，不仅可以拓展金融和产业政策相关理论，还可以提高金融资源的配置效率。

①资本形成机制。资本形成机制是指银行等金融机构通过作用于储蓄，进

而影响新能源投资的过程。资本形成是新能源企业投资运营的物质基础，对新能源产业发展具有显著促进作用。金融机构的核心功能在于将储蓄者的资金汇集起来，再将储蓄转化为投资，从而推动新能源产业高质量发展。刘宁（2014）认为将社会资金聚集起来存在一定的交易成本，金融系统的出现有利于减少交易成本，社会资金通过银行、股市、保险等途径汇集到一起，进而为新能源产业的健康发展提供了资金支持。随着金融系统与新能源产业不断融合，金融的资源配置功能延伸到新能源价值链的各个环节，从而提升新能源产业的投资效率。

接下来本节将构建理论模型来阐述资本形成机制，以揭示资本形成的运行原理。假定新能源产业的总产出函数为：

$$Q_i = T_i c_i^{\beta_i} m_i^{1-\beta_i} \qquad (3.28)$$

其中，Q_i 表示新能源产出，T_i 表示技术水平，c_i 表示资本，m_i 表示劳动力数量。假设 I 为经济中的产业总量，对于任意 $i \in I$，$T_i \in \{\underline{T_i}, \overline{T_i}\}$，$\underline{T_i} < \overline{T_i}$，假定 $T_i = \underline{T_i}$ 的概率为 ρ_i，那么 $T_i = \overline{T_i}$ 的概率为 $1-\rho_i$。新能源产业的生产率均值为 $ET_i = T_i^E = \rho_i \underline{T_i} + (1-\rho_i) \overline{T_i}$。可以看出，新能源资本与劳动的边际产出具有一定的风险性，因此，投资人的收益也存在一定的风险。

假设社会总资本为 $\overline{C}$，这些社会资金需要通过银行等金融中介转化为新能源企业的资本，具体表达式为：

$$C = \theta \overline{C} \qquad (3.29)$$

其中，C 表示新能源企业的资本，θ 表示转化率，$\theta \in (0, 1)$，θ 体现出金融机构将资金汇集起来并投资新能源的效率。由于汇集社会上的资金存在一定的交易成本，所以 $\theta < 1$。同时，θ 越大表明金融效率越高。

金融政策框架中包含两种金融支持类型，主要分为市场和政府金融支持，市场金融支持以盈利为根本目标，政府金融支持则更关注新能源产业的高质量发展。

假定第 i 种新能源产品的价格为 p_i，当 $i = 1$ 时，$p_i = 1$，各类新能源产品的价格向量为 $(p_1, p_2, \cdots, p_I)$，这时资本市场的均衡状态满足：

$$MP_{c_i} \equiv p_i \beta_i T_i^E c_i^{\beta_i - 1} m_i^{1-\beta_i} = p_j \beta_j T_j^E c_j^{\beta_j - 1} m_j^{1-\beta_j} \equiv MP_{c_j} \qquad (3.30)$$

同理，劳动市场的均衡状态满足：

$$MP_{m_i} \equiv p_i(1-\beta_i)T_i^E c_i^{\beta_i} m_i^{-\beta_i} = p_j(1-\beta_j)T_i^E c_i^{\beta_j} m_i^{-\beta_j} \equiv MP_{m_j} \tag{3.31}$$

资本市场达到均衡表明：

$$\sum_{i=1}^{I} c_i = C \tag{3.32}$$

劳动市场达到均衡表明：

$$\sum_{i=1}^{I} m_i = M \tag{3.33}$$

根据资本和劳动市场的均衡条件，发现新能源产业 i 的资本投入为：

$$c_i = c_i(T_i^E, p_i, \beta_i, T_1^E, \cdots, T_I^E, \theta) \tag{3.34}$$

从式（3.34）可以看出，新能源产业 i 的资本投入是技术水平、相对价格、金融效率等要素的函数。于是，可以得到以下结论：

$$\frac{\partial c_i}{\partial T_i^E} > 0, \frac{\partial c_i}{\partial p_i} > 0, \frac{\partial c_i}{\partial \theta} > 0 \tag{3.35}$$

$$\frac{\partial c_i}{\partial T_j^E} < 0, \frac{\partial c_i}{\partial p_j} < 0, 对于任意的 j \neq i \tag{3.36}$$

根据式（3.35）和式（3.36）可知，给定其他产业的技术水平 T 和价格 p，新能源产业 i 的技术水平和相对价格越高，新能源产业获得的资金就越多，越有利于新能源产业的高质量发展；反之，若新能源产业 i 的技术水平和相对价格越低，则能够获取的资金越少，面临较大的融资约束。同时，$\frac{\partial c_i}{\partial \theta} > 0$ 表明资金投入和金融效率呈正相关，金融系统的效率越高，新能源产业的资金投入越多，越有利于新能源产业的跨越式发展，最终实现碳达峰碳中和的目标。

②信息披露机制。能源市场中存在一定的不对称性，容易出现道德风险与逆向选择。对于用户而言，花费所有时间和精力去搜寻市场信息存在高昂的交易成本，而金融中介具有信息优势，能够科学评估新能源项目的风险指数和预期收益，降低交易成本。金融中介掌握着大量的私人信息，在信息获取渠道和信息处理加工方面具有显著优势，能够准确识别有效的项目信息，从而为投资

者提供信贷管理和信息咨询服务。对于金融系统来说，其联结着大量资金供给者和资金需求者，能够以很低的成本获取海量信息，为投资者提供良好的信用环境。以资本市场为例，新能源企业如果想通过股市融资，就必须披露财务信息，方便投资人研究公司的信息。此外，资本市场流动性比较强，能够有效降低交易成本，因为流动性越强，信息披露机制就越健全，交易成本就会越低。

由此可见，信息披露机制能够降低信息的获取成本，减少资金供给者和需求者之间的不对称性，促使潜在的项目投资成为可能。金融机构通过信息披露制度，激励投资人投资有前景的新能源项目，引发新能源产业的联动效应，推动新能源产业的高质量发展。

③风险防范机制。在资本市场上，风险无刻不在。而风险防范则是金融系统的核心功能，金融机构通过分散、转嫁等手段来降低投资过程中的风险，鼓励投资者对新能源产业进行投资，实现产业结构的合理化与高度化。常规能源投资风险较低，但是利润空间也有限；新能源投资风险较高，但是潜在收益也高。风险规避型投资人可能不会选择投资新能源，因为新能源技术风险和市场风险偏高，一旦失败，之前的投入都会成为沉没成本。金融机构通过分散化投资的方式，降低投资的整体风险，同时，增加投资人的收益。这样一来，投资人的投资热情大幅上涨，增加对新能源产业的投资，推动能源转型升级。

3.2 中国新能源政策的机制效应

在我国，考虑到新能源政策主要包括财政补贴政策、税收激励政策和金融支持政策，因此，本节重点探讨这三项政策的机制效应。

3.2.1 新能源政策运行机制

（1）财政补贴政策运行机制。财政补贴政策是政府介入经济领域的重要方式，既可以通过财政收支直接影响能源供给和需求，还可以通过结构性政策影响社会资本的流向，引导资金进入新能源领域，为新能源产业的发展壮大提供动资金支持。考虑到新能源产业具有高收益性与高风险性，市场失灵是不可避免的，因此需要政府采取财政激励政策增加新能源企业的收益，财政激励程度越大，企业对新能源项目的投资热情就越高。

财政补贴是一种比较直接的政策工具，由国家利用财政资金直接补贴给新能源企业，解决新能源企业的融资瓶颈。财政激励的方式主要是补贴政策，即对新能源企业进行直接补贴，增加企业的实际收入，提高企业的投资积极性。新能源企业的研发活动具有公共品的特征，故存在正向溢出效应，某个新能源企业完成研发成果之后，其他企业可能进行模仿，以较低的成本获得创新的成果，这样一来，新能源企业的利润就会减少，研发积极性会有所下降。而政府对新能源企业予以补贴，可以提升私人边际收益，使外部效应内部化。此外，财政补贴能够降低新能源企业的创新风险，激励企业进行技术改造，推动能源转型升级与资源合理配置。

在新能源产业整个价值链上，财政补贴集中于新能源技术研发、改造以及产业化阶段。新能源技术创新具有较大的不确定性，一方面，新能源企业创新成功能够获得较大的利润，成为产业的领路人；另一方面，创新失败可能造成不小的损失，之前的设备、资金投入都会变成沉没成本，导致新能源企业瞻前顾后，缺乏足够的动力进行研发投资。此外，新能源发展初创期也面临较大的资金缺口，需要政府给予一定的扶持，缓解融资约束问题。因此，在新能源技术研发、改造以及产业化初期，都体现出财政补贴的重要性。综上所述，财政补贴的运行机制如图 3.3 所示。

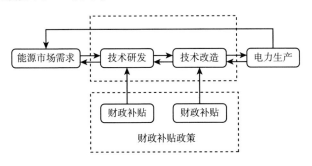

图 3.3　新能源财政补贴政策运行机制

由图 3.3 可以看出，政府通过对新能源技术研发和技术改造进行补贴，降低新能源的发电成本，提升新能源的市场份额，促进新能源的规模化发展。与其他政策手段相比，财政补贴政策具有比较优势。财政补贴的优势主要体现在以下三个方面：第一，挤入效应，意味着国家对新能源给予补贴有利于吸引社会资本进入新能源领域，为新能源发展提供资金支持，缓解融资约束。第二，直接性，财政补贴属于无偿性转移支付，可以直接增加新能源企业的实际收益，促进新能源生产规模的扩大，不断提升新能源所占比重，推动能源结构优化，实现"双碳"目标。第三，覆盖范围广，财政补贴是一种有效的政策手段，补贴范围广泛，直达创新活动的每个主体与每个阶段。然而，财政补贴政策也存在一定的问题，主要反映在以下两点：第一，财政补贴政策变化较快，在不同阶段补贴标准存在一定的差异，不利于投资人的收益评估，也不利于新能源的长远发展。第二，缺乏系统的监督机制，导致福利分配不公。不少企业违规骗取财政补贴，造成财政资源的浪费，影响补贴的效率，阻碍新能源的持续健康发展。

（2）税收激励政策运行机制。税收激励政策是支持新能源发展的重要措施之一，尤其在新能源发展初级阶段，税收激励可以增加新能源企业的利润，具有显著的促进作用。税收激励本质是通过税收减免等方式减轻新能源企业的税负，提高其预期收益，鼓励其投资风险项目。

从税制的角度来看，税收激励政策可以分为税基式激励、税额式激励和税率式激励。税基式激励意味着以减少计税基础的手段降低税负，主要包括加速折旧、免征额等。税额式激励意味着直接降低新能源企业的应纳税额，例如对大功率新能源装备免征进口增值税等。税率式激励意味着实施优惠税率，从而减少新能源企业的运营成本，鼓励其扩大生产规模，实现高质量发展。

从税种的角度来看，新能源税收激励主要包括企业所得税、增值税、关税等税收政策。从企业所得税维度看，税务局规定计算新能源企业纳税金额时，减按90%计入当年收入。从增值税维度看，主要涵盖即征即退、免征等激励措施。对生物质能发电采取增值税即征即退的激励政策，对风力发电采取增值税减半征收的优惠制度等。从关税维度看，对大功率的风电机、光伏组件和配套设施等免征进口关税。

基于上述分析可以发现，税收激励政策主要针对新能源的开发环节，从技术研发到技术改造，税收激励政策均发挥着重要的作用。根据新能源的发展阶段，税收政策的运行机制如图 3.4 所示。

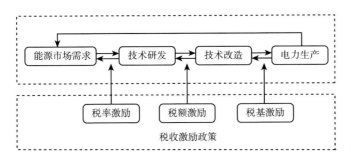

图 3.4　新能源税收激励政策运行机制

税收激励政策是国家支持新能源发展的重要措施。之所以实施税收激励政策，主要是由于两个方面的原因：一是作为国家实现宏观调控的主要工具，税收激励有利于实现税收的公平与效率，从而改善社会福利水平；二是税制制定的内在要求，对新能源领域实行税收激励政策，能够刺激新能源的供给和需求，调整能源结构，推动能源转型。与其他激励方式相比，税收激励具有以下优势：第一，多样性，税收政策可以制定各种优惠力度，形成多样化激励方式；第二，导向性，税收激励能够增强投资人的信心，吸引更多的社会资本进入新能源领域，促进新能源的规模化发展；第三，多目标性，税收激励从税率、税基和税额多角度支持新能源的开发利用，实现新能源价值链上不同的激励目标。同时，税收激励政策也存在一定程度的不足，主要体现在两个方面：一是税收激励约束条款比较多，激励期限不稳定，不利于新能源的可持续发展；二是税收激励政策缺乏系统性，对新能源的税收激励侧重于开发环节，而且缺乏对化石能源的逆向限制政策，例如，对高耗能行业开征碳税，实现碳达峰碳中和的目标。税收激励形式比较单一，集中于减征、免征等方式，而投资抵免、加速折旧等形式则较少涉及。

（3）金融支持政策运行机制。金融支持政策是指政府、金融机构为鼓励新能源发展而制定的一系列措施，旨在通过市场机制提高新能源企业的融资效率，缓解融资约束，达到扶持新能源产业发展的目的。通过金融支持政策，推动资源流向新能源领域，为新能源发展提供技术、资本等要素，推动新能源的健康发展。此外，金融政策可以弥补财政政策的不足，能够扩大新能源的生产规模，为新能源发展提供良好的融资环境。新能源是资金密集型产业，在初级阶段投入大且回报周期长，所以需要央行和其他金融机构的扶持。在宏观层面，国家可以对新能源产业实施较低的贷款利率，降低新能源项目的投资成本，调动投资人的积极性，实现能源结构的调整与升级。优惠利率政策是央行支持新能源发展的一大举措，对风电、光伏等项目实行低利率贷款，为新能源企业提供便捷的融资渠道，优化新能源发展的制度环境，提高新能源企业的核心竞争力。

政策性银行是为实现政府职能的金融机构，不同于商业银行以收益最大化为根本目标，政策性银行以贯彻国家发展战略为首要目标，收益目标处于次要地位。商业银行重点考虑投资的稳定性与盈利性，遵循自主经营、自担风险的原则，换句话说，商业银行是在控制风险的前提下保证利润最大化。而政策性银行背负一定的社会责任，新能源的开发利用风险较大，政策性银行发挥着主导性作用。以国家开发银行为例，在建立初期就把新能源列入重点扶持对象，为新能源产业的高质量发展奠定了基础。

与财政、税收激励政策相比，金融支持政策的作用机制有所不同。通过优惠利率、低息贷款等金融手段，增加新能源的资金供给，解决新能源企业的资金短缺问题。银行系统作为储蓄者和投资者的中介，将社会闲散资金聚集起来，形成储蓄，然后投资潜在收益最大的项目，不但可以减少交易成本，而且能够为新能源项目筹措资金，从而推进新能源产业的健康、可持续发展。金融支持政策的运行机制如图3.5所示。

由图3.5可知，金融支持政策主要作用于新能源技术研发和技术改造阶段，具体政策包括实施优惠利率、放宽信贷配额、设立公益基金、引入风险投资等。优惠利率意味着央行对新能源企业实行低利率贷款，以缓解企业资金不足问题，同时，减轻新能源企业的利息负担，降低新能源发电成本。放宽信贷配额政策是指央行调整商业银行的信贷数额、信贷结构等方面，引导信贷资金流入新能源领域，增加新能源产业的资本存量，优化能源结构，实现"双碳"目标。公益基金在发达国家是一种较为流行的金融工具，美国、德国等国家均

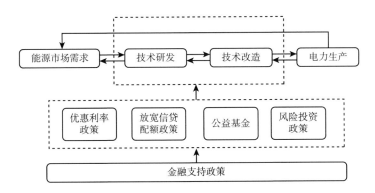

图 3.5　新能源金融支持政策运行机制

设立了新能源发展基金。公益基金的收入来源主要是税收，基金的用途主要是推动新能源项目的开发，对风电、光伏等装机容量予以补贴，对新型基础设施建设给予补助，对新能源企业进行投资。风险投资政策在新能源项目中发挥着重要作用。政府利用财政收入构建风险投资基金，吸引社会资本介入新能源领域，推动新能源产业的规模化发展。金融支持政策可以为新能源技术研发、技术改造等环节提供保障，解决新能源企业的资金不足问题。扩大商业银行的信贷支持、提升金融工具的创新水平、优化资本市场的退出机制等是政府需要密切关注的。

3.2.2　新能源政策效应分析

（1）财政补贴政策的效应。财政政策是国家干预经济的主要方式，也是调整能源结构的重要手段。新能源具有能量密度低、含碳量少等比较优势，为财政政策支持新能源发展提供了理论依据。财政补贴能够弥补私人收益与社会收益的差距，推动新能源技术创新，扩大新能源市场份额，从而实现"双碳"目标。财政补贴可以增加新能源企业的预期收益，激励新能源企业提高生产率，从而增加新能源的供给。财政补贴的效应如图 3.6 所示。

如图 3.6 所示，横坐标 X 为新能源的产量，纵坐标 Y 为传统能源的产量，S_0 为供给曲线，D 为需求曲线。在未实施补贴政策之前，需求曲线 D 和供给曲线 S_0 相交于 A 点，对应的新能源产量为 X_0，传统能源产量为 Y_0。在实施补

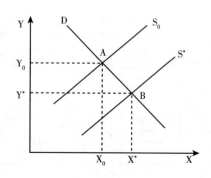

图 3.6 短期均衡

贴政策之后，供给曲线由 S_0 向右平移至 S^*，与需求曲线 D 相交于 B 点，这时新能源的产量为 X^*，传统能源的产量为 Y^*。由此可见，随着财政补贴的增加，新能源的产量由原先的 X_0 增加到现在的 X^*。财政补贴能够激励新能源企业扩大生产规模、优化能源结构、减少碳排放，从而改善环境质量，实现碳达峰、碳中和。

（2）税收激励政策的效应。税收政策对新能源企业的经营行为有着巨大的影响力，而这种影响力是通过收入效应和替代效应实现的。本部分从理论上分析替代效应与收入效应，与后面实证分析互为补充。

①替代效应。税收的替代效应意味着实行选择性商品税影响能源产品的相对价格，导致企业以一种产品替代另一种产品而产生的效应。具体表现为当政府对不同能源产品实行差别税收时，能源产品的相对价格会有所变化，使得经济主体减少重税产品的消费量，增加轻税产品的消费量。税收的替代效应如图 3.7 所示。

如图 3.7 所示，X 表示新能源的数量，Y 表示化石能源的数量，假定消费者所拥有的可支配收入是一定的，CD 与 CE 为预算约束线，预算约束线表示在新能源 X 和化石能源 Y 价格给定的情况下，消费者选择两种能源的所有可能情况。I_0 和 I_1 表示无差异曲线，无差异曲线上市场参与者的效用是等同的。当不存在税收激励时，CD 和 I_0 相切于点 A，最优消费组合为（X_0，Y_0），此时新能源的需求量为 X_0，化石能源的需求量为 Y_0。当存在税收激励时，新能源的相对价格下降，导致预算约束线以 C 为原点向外旋转至 CE，CE 与无差异

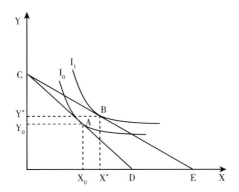

图 3.7 税收政策的替代效应

曲线 I_1 相切于新的均衡点 B 点，此时最优消费组合为（X^*，Y^*）。从图 3.7 来看，$X^* > X_0$，在税收激励的作用下，新能源的需求量呈上升趋势。

②收入效应。收入效应表示国家征税会改变经济主体的预期收入，从而影响经济主体的策略、行动。例如，政府对新能源产品减税，物价下降，相对收入增加，消费者会增加对新能源的消费。税收的收入效应如图 3.8 所示。

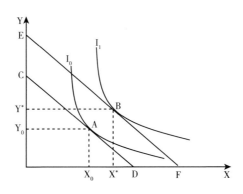

图 3.8 税收政策的收入效应

根据图 3.8 可知，横轴和纵轴分别表示新能源和化石能源的数量，CD 和 EF 表示预算约束线，I_0 和 I_1 表示无差异曲线。当政府未采取税收激励时，CD 为预算约束线，与 I_0 相切于 A 点，消费者的最优消费组合是（X_0，Y_0）。当政府采取税收激励时，消费者的实际收入显著提高，收入效应显现。在图 3.8 中，预算约束线由 CD 移到 EF，EF 与 I_1 相切于 B 点，B 点为新的均衡点，从

A 点到 B 点的移动体现了税收的收入效应。从图 3.8 可以看出 $X^* > X_0$，表明新能源的需求量有所上升。税收激励可以增加经济主体的可支配资源，刺激新能源消费，从而优化能源结构，保障能源安全。

（3）金融支持政策的效应。新能源产业属于技术密集型产业，需要大量的资金支持，而金融机构可以为新能源产业提供充足的资金，缓解融资约束，从而推动新能源产业的高质量发展。金融政策的效应主要包括投资增量效应与资金引导效应。从投资增量效应来看，金融政策通过提升能源市场的效率，激励新能源企业扩大投资规模，形成规模效应，从而实现新能源产业的高质量发展。新能源项目资金需求量大，市场风险较高，而金融政策能够弥补市场机制的缺陷，为新能源企业提供资金保障，降低其发电成本。金融政策不仅扮演着补充者的角色，还发挥着引导者的角色。尤其在国家倡导碳达峰碳中和的背景下，推动新能源发展刻不容缓，金融系统须提供低息或无息贷款等金融工具，提高新能源项目的综合收益率，缩短项目回报周期，从而推动新能源产业的规模化发展。金融支持政策能够有效缓解新能源企业的融资约束，激励企业扩大生产规模，提升资本利用效率，进一步优化能源结构，实现"双碳"目标。

从资金引导效应来看，金融政策能够对商业银行与社会资金起到拉动作用，吸引商业银行将资金投入到新能源领域，从而对新能源项目的投资产生乘数效应。在新能源产业导入期，技术研发存在较大的不确定性，而且市场风险偏高，此时离不开政策性银行的关注与支持，政策性银行体现了国家宏观调控的意图，有利于实现经济效益和生态效益的统一。政策性银行的支持能够向社会传递新能源发展前景良好的信号，解决信息不对称问题，从而减少交易成本，鼓励投资者投资新能源领域。随着新能源产业的逐渐发展，项目前景逐渐明晰，商业银行在政策性银行的带领下，不断扩大信贷支持，解决新能源产业的资金不足问题。金融的资金引导效应还能够激励新能源企业增加研发投入，提升创新水平，实现新能源产业的高质量发展。

（4）金融、财税政策的协同效应。和化石能源相比，大部分新能源还不算成熟，只有部分技术能够进行市场推广，而且初期投资成本较高，运行时间不确定，受到季节、天气等因素的影响，在稳定性、价格等方面处于弱势地位。这些都是新能源融资困难的主要原因。由于新能源市场竞争力不强，很难得到商业银行的信贷支持，这种情况下就需要财税政策的参与，发挥财税政策的支持作用。财税和金融政策作为宏观调控的主要工具，两者的协调配合尤为重要。新能源高质量发展是一个系统工程，只有财税、金融政策协同配合，才能促进能源转型和体制创新。财税政策和金融政策的协调程度，决定了资金利用的效率。此外，政策从设计、审批再到实施，存在一定的滞后性，因此，需要加强监督机制，及时反馈政策的实施效果，并且不断完善政策框架，以期实现"双碳"目标。

财税与金融政策相辅相成、相互作用。财税政策是基础，为新能源企业的发展提供良好的外部环境，引导社会资本流入新能源领域，促进新能源产业的高质量发展。金融政策是辅助，可以解决新能源产业资金缺口问题，提高生产效率，促进创新产出。财税与金融政策相互协调，形成系统合力，才能发挥"1＋1＞2"的作用。新能源高质量发展不是单纯的规模增长过程，而是一个包括结构优化、效率提升的系统性过程，只有财税、金融政策协同组合，才能发挥"四两拨千斤"的效果。总之，财政部门与银行部门综合运用财政补贴、税收激励、贷款优惠等方式来优化新能源企业融资环境，引导民间资本向新能源产业流动，为新能源产业提供多样化的财税金融服务，全方位、多维度地促进新能源高质量发展。

3.3 本章小结

首先，本章在上一章理论研究的基础上，进一步探讨了新能源相关政策的作用机理。本章认为，财政补贴政策通过引导新能源生产和消费来推动新能源产业的发展；税收激励政策通过税率、税基和税额式优惠来鼓励新能源企业增加创新产出，进而促进新能源产业的健康发展；金融支持政策通过资本形成机制、信息披露机制和风险防范机制来减少信息不对称，从而扶持新能源产业发展。

其次，本章研究了财政补贴政策、税收激励政策和金融支持政策的运行机制，在此基础上分析了政策的预期效应。本章认为，财政补贴能够弥补私人收益与社会收益的差距，降低边际成本；税收激励能够产生收入效应与替代效应，从而优化能源结构，减少碳排放；金融政策具有投资增量效应和资金引导效应，从而缓解融资约束，推动新能源产业健康发展；而金融、财税政策协调配合能够改善新能源企业融资环境，有效降低融资成本，促进新能源高质量发展。

第4章

中国新能源政策的发展与现状分析

随着化石能源的日益短缺，原油价格不断上升，主要发达国家都在寻求化石能源的替代品，以保障本国的能源供给。而且，以化石燃料为主的能源供给结构，也产生了一系列的大气污染问题。发展新能源是中国实现"能源中国梦"的必然选择，也是减少碳排放的必经之路。新能源产品成本高于常规化石能源，世界各国为了推进新能源的开发和利用，实施了丰富多样的激励政策。政府通过税收激励、财政补贴等方式来影响总供给和总需求，从而实现新能源产业的集群化、规模化发展。与美国、德国、日本等发达国家相比，我国的新能源产业起步较晚，相应的激励政策还存在一些不足，有待进一步优化。本章从财政补贴、税收激励和金融支持三个层面，回顾了新能源政策的发展历程，从而提出新能源政策优化的必要性。

4.1　中国新能源发展的政策体系

新能源政策体系主要包括财政补贴、税收激励、金融支持和价格激励等。财政补贴政策是当前较为推崇的支持新能源发展的政策工具。财政补贴的对象可以是消费者，也可以是生产者。例如，对风力发电设施，主要对科技成果得到市场化认可的公司提供补助；"金太阳规划"对并网发电工程的初始补贴达到50%，而对离网发电工程，补贴增加到70%（史丹，2015）。税收激励政策作为国家宏观调控的必要手段，在新能源发展过程中发挥着关键作用。我国主要在项目建设和运营时期实施税收激励政策，推动新能源产业的发展。例如，对企业所得税实施优惠政策，降低新能源公司的税收成本，激励公司投资新能源项目。金融支持政策具体包括低息贷款政策、设立产业投资基金等。低息贷款政策不但可以解决新能源企业的资金不足问题，还可以减少企业的利息负担，降低新能源发电成本。除了上述激励措施，价格政策也很重要。价格政策大致分为以下几类：第一类是固定电价政策。固定电价政策是指支持新能源企业以一定价格向电网出售电力的政策。固定电价政策具有以下优势：一是固定电价为新能源生产商提供了保障，能够鼓励投资者投资新能源项目，从而促进新能源产业的高质量发展；二是电价统一规范，操作流程简单，有利于减少制度性交易成本；三是根据地区的资源状况实施差异化电价，有利于新能源朝多元化的方向发展。第二类是招标电价政策。招标电价政策是指国家针对新能源项目实行公开招标，选择出价合适的公司。这项政策的目标是将竞争机制引入电力市场，降低新能源的生产成本和补贴成本。招标政策的优势体现在：首先，在能源市场鼓励供应商进行竞争，通过招标方式选择恰当的公司，用最低的成本利用新能源。其次，政府为购电协议提供担保，甚至采取行政手段和工具，进行招商引资。最后，招标政策促使新能源公司不断降低成本，积极引进新兴技术，推动新能源产业的健康、可持续发展。第三类是配额政策。配额政策是指电力生产商在其电力生产中，新能源发电量必须占有一定的比重。配额政策离不开绿色证书交易制度，绿色证书表示新能源生产者在出售电力的时候会得到绿色电力的销售证明，以作为他们使用新能源生产电力的证明；而绿证交易制度则是绿证自由买卖的制度。电力生产商如果自身没有足够的新能源发电量，可以通过购买绿色证书来完成配额的任务。本章重点介绍财政政策、税收政策和金融政策的现状。

4.2 中国新能源发展的财政补贴政策

财政补贴意味着政府无偿性转移支出能够增加消费者剩余，财政补贴是支持新能源产业研发和推广的重要方式。与税收激励政策相比，财政补贴政策更能直接推动新能源的开发利用。税收激励是一种税式支出，虽然可以提高新能源企业的收入，但是企业可能需要同时缴纳多种税收，不同的税收政策之间还存在对立与矛盾，不能使税收政策发挥应有的作用。在新能源企业发展的初始阶段，企业盈利能力有限，享受的税收优惠额不等于收入的增加额，不具备发挥税收激励效应的前提条件，这时财政补贴政策显得更为直接和有效。当前，支持新能源发展的补贴制度也存在一些不足之处，例如，缺乏监管机制、资金缺口较大等不足。尤其在国外采取"双反"政策的情形下，我国应积极完善新能源补贴政策，弥补新能源产业的外部性收益，构建规范、有序的市场竞争机制，优化资源配置。本节梳理新能源财政补贴政策的变化历程，分析补贴政策的现状，并指出补贴政策存在的问题。

4.2.1　新能源财政补贴政策变化历程

财政补贴政策是政府推进新能源开发利用的重要举措。当前的补贴政策主要集中于新能源的技术研发和生产阶段。2005 年，《中华人民共和国可再生能源法》颁布，以法律法规的形式刺激新能源产业的发展。我国对新能源技术研发给予充分的资金支持，激励其进行技术突破，有利于其在国际市场中形成核心竞争力。为了进一步扩大新能源的市场份额，改善能源供给结构，2015 年财政部宣布对新能源安排专项资金，通过直接补贴、贷款贴息等手段鼓励企业和用户使用新能源。上述补贴机制的出台，为我国新能源产业的规模化发展提供了制度保障。

（1）光伏产业的财政补贴政策变化历程。

第一阶段：2001～2007 年。2002 年，国家开启"西部地区通电建设"，拉开了光伏产业发展的序幕。为了给落后地区提供电力，政府开始实施光伏发电计划，解决西部地区尤其是新疆和田、喀什等地区的电力供给问题。2005 年，国家重点扶植太阳能电池的生产制造，多晶硅产业逐渐发展起来。随着"863 项目"和"十一五"战略计划的实施，光伏企业纷纷成立，太阳能热水器规模不断扩张，光伏电站也迅速发展，为后续光伏产业的长期增长奠定了基础。总之，这一阶段为起步阶段，中国发展光伏产业的基调初步形成，政府逐步出台补贴政策激励光伏产业发展。

第二阶段：2008～2010年。2009年，财政部等三部门发布"金太阳计划"和"光电建筑"推广政策，光伏产业迅速成长起来。"金太阳计划"重点对企业的投资部分进行补贴，对光伏发电设备和相关基础设施提供一半的补贴，对偏远落后区域的光伏发电设备给予70%的补贴。"光电建筑"政策强调对光伏建筑领域实施财政补贴政策。补贴标准上限为20元/瓦，不仅对城乡光电建筑实施补贴，而且对核心技术的应用与推广给予相应的补贴。总之，这一阶段为光伏项目逐渐推广阶段，中央政府将光伏纳入具有发展潜力的新兴产业，实施了多项补贴政策来扩大消费者对光伏产品的需求，刺激光伏产品消费。在一系列补贴政策的刺激下，光伏产品的需求量呈几何倍数上升，多项指标具有比较优势。

第三阶段：2011～2014年。2011年，欧美发达国家对中国光伏产业实施"双反"机制，抑制光伏相关产品进口，中国光伏企业一度陷入困境。此时，政府对光伏装机量予以一定标准的补贴。2011年，"金太阳计划"继续沿用，规定对光伏原材料晶体硅补贴9元/瓦，对非晶硅补贴额度为8元/瓦。同年，发改委正式实施上网电价机制，依据供给和需求定理，决定上网电价为1.15元/千瓦·时。2013年，政府对光伏企业的补贴机制由事前补贴转化为事后补贴，按照规定期限清算"金太阳计划"和"光电建筑"工程补贴。同年9月，政府根据各地区的资源禀赋状况与发电成本，对各地区进行分类并实施不同的上网电价机制。Ⅰ类、Ⅱ类、Ⅲ类地区上网电价呈递增趋势，分别为每千瓦时0.9元、0.95元和1元。此后，上网电价机制根据光伏技术的提升每年调整一次。总之，第三阶段为光伏规模化发展阶段，财政补贴主要表现为上网电价补贴，中国光伏产业急速发展。

第四阶段：2015年至今。财政补贴政策进入调整期。发改委《关于2020年光伏发电上网电价政策有关事项的通知》规定分布式光伏发电补贴额度为0.08元/千瓦·时，到2021年，发改委《关于2021年新能源上网电价政策有关事项的通知》规定将补贴额度减少0.05元/千瓦·时，这说明光伏发电的成本逐渐降低。之前十几年，政府的大量补贴对光伏产业揠苗助长，出现产能过剩，因此，近些年光伏补贴迈入调整阶段，以市场价格机制为基础，根据光伏企业的发展阶段给予不同程度的补贴。2015 年至今为光伏市场化阶段，太阳能光伏发电成本不断降低，光转化率也有了很大提升，可以预见的是，未来光伏发电成本可能和传统能源差距不大。总之，这一阶段光伏产业的财政补贴制度不断完善。

（2）风能产业的财政补贴政策变化历程。

第一阶段：1995～2000 年。这一阶段的财政补贴主要是对风能产业给予贴息贷款。1995 年，国家制定"新能源发展规划"，提出扩大风能等新能源的市场份额，推进太阳能和风能的研发生产。1999 年，国家为了促进风能产业的推广，决定对风电工程予以 2% 的财政贴息。而且鼓励风电企业应用国产化设备，重新调整还款时间。值得注意的是，中央政府的财政补贴针对新能源的研发环节，地方政府的补贴针对新能源的技术推广环节。

第二阶段：2001～2008 年。这一阶段的财政补贴针对风电设备制造业。2008 年，财政部起草了关于风电设备产业化的文件，主张安排专门资金来激励风电装备制造企业。对符合规定的风电机组提供 600 元/千瓦的财政补贴，同时对配套零件参照成本价格提供相应的补贴。总之，第二阶段主要对风机制造企业提供财政补贴，促进该类企业进行技术创新，加快风电设备的国产化步伐，降低生产成本，提高风能市场占有率。

第三阶段：2009 年至今。这一阶段风能补贴政策主要为上网电价补贴。2009 年，发改委开始对风电项目推行价格补贴，主要参考风力发电成本与传统煤炭发电成本之间的差价进行补贴。政府按照风能资源的分布状况将全国划分为四个不同的补贴区域，即在Ⅰ类、Ⅱ类、Ⅲ类和Ⅳ类资源区实施不同的补贴机制。2015～2020 年，风电的上网电价机制逐渐进行了调整，价格补贴呈下降趋势。具体的上网电价补贴如表 4.1 所示。

表 4.1　　　　　　　　2009～2020 年风力发电上网电价

资源区分类	标杆上网电价（元/千瓦·时）					
	2009 年	2015 年	2016 年	2018 年	2019 年	2020 年
Ⅰ类	0.51	0.49	0.47	0.4	0.34	0.29
Ⅱ类	0.54	0.52	0.5	0.45	0.39	0.34

资源区分类	标杆上网电价（元/千瓦·时）					
	2009 年	2015 年	2016 年	2018 年	2019 年	2020 年
Ⅲ类	0.58	0.56	0.54	0.49	0.43	0.38
Ⅳ类	0.61	0.61	0.6	0.57	0.52	0.47

注：Ⅰ类资源区主要包括内蒙古除赤峰、通辽、呼伦贝尔、兴安盟以外的其他地区；新疆乌鲁木齐、伊犁、昌吉、克拉玛依和石河子。

Ⅱ类资源区主要包括河北张家口、承德；赤峰、呼伦贝尔、通辽、兴安盟；甘肃张掖、酒泉和嘉峪关。

Ⅲ类资源区主要包括吉林松原、白城；黑龙江七台河、双鸭山、鸡西、绥化、伊春和大兴安岭地区；甘肃张掖、酒泉和嘉峪关以外的其他地区；新疆除乌鲁木齐、伊犁、昌吉、克拉玛依和石河子以外的其他地区；宁夏回族自治区。

Ⅳ类资源区是指除Ⅰ类、Ⅱ类和Ⅲ类资源区之外的其他地区。

资料来源：根据国家发改委风力发电政策整理。

由表 4.1 可知，2009～2020 年，风力发电的上网价格逐渐下调。从时间维度看，无论是Ⅰ类、Ⅱ类、Ⅲ类还是Ⅳ类资源区，电价补贴均出现不同程度的减少，Ⅰ类地区从 2009 年的每千瓦时 0.51 元下降到 2020 年的每千瓦时 0.29 元，下降 43.14%；Ⅳ类地区从 2009 年的每千瓦时 0.61 元下降到 2020 年的每千瓦时 0.47 元，下降 22.95%。从空间维度看，Ⅰ类地区的上网电价最低，其次是Ⅱ类、Ⅲ类地区，Ⅳ类地区的上网电价最高。这可能是为了实现区域间的协调发展、增强风能产业的市场竞争力、达到减少碳排放的目标[①]。我国现有的风能产业补贴政策如图 4.1 所示。

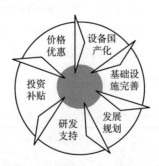

图 4.1 中国风能产业的政策支持体系

---

① 邵学峰，方天舒．不完全契约视角下绿色能源的政策驱动效应——以光伏产业为例 [J]．财经问题研究，2021（5）：40－48.

由图 4.1 可知，我国风能产业的财政补贴包括价格优惠、产品研发支持、完善风电基础设施等方面，补贴政策逐渐规范化。综上所述，第三阶段风能产业的补贴政策进一步完善，这对于优化我国新能源电力价格机制具有重要的意义。

（3）生物质能产业的财政补贴政策变化历程。生物质能是人类历史上使用最为悠久的能源，贯穿了社会文明的发展史。在工业革命之前，人类利用的主要能源为柴草，随着两次革命的爆发，煤炭、石油等传统能源得到大规模的推广和应用，人类迈入了电气时代。1973 年，第一次石油危机之后，巴西着手开发利用甘蔗乙醇作为汽油的替代品，生物质能逐渐引起其他国家的广泛关注。从中国的情况来看，现有的，各种农作物秸秆产能均超过 11 亿吨，若其中的 60% 进行生物质发电，等同于 8 个以上三峡电站的发电量。2006 年，国家对生物质发电工程实施费用分摊机制，即国家和公民共同承担发电费用。国家规定对生物质能企业提供每千瓦时 0.25 元的补贴，补贴期限为 15 年。

2007 年，发改委决定对秸秆燃烧发电提供每千瓦时 0.1 元的暂时性补贴，以增加农民收入，同时推动生物质能产业的推广应用。同年，国家开始对原料基地实施补贴，以保障生物质能的原材料供给充足。2009 年，为激励沼气工程开发，国家分地区对沼气项目进行财政补贴。2010 年 7 月，生物质并网发电开始实施上网电价机制。发改委明确通知对农林生物质发电提供补助 0.75元/千瓦·时。2012 年，中央政府对垃圾燃烧发电采取价格补贴，补贴标准为每千瓦时 0.65 元。2017 年，为进一步推进沼气的合理利用，国家对大型沼气建设实施 1500 元/立方米的财政补贴。到 2020 年，财政部公布生物质发电项目的补贴高达 7000 多万元，极大地促进了生物质能产业的开发利用。生物质能产业的财政补贴标准具体如表 4.2 所示。

表 4.2　　　　　　　　　　　　生物质能产业的补贴标准

时间	补贴对象	补贴标准
2006 年	生物质发电项目	0.25 元/千瓦·时
2007 年	秸秆燃烧发电项目	对于技术创新企业的贷款，采取贷款贴息政策
	林业原料基地	200 元/亩
	农业原料基地	180 元/亩

时间	补贴对象	补贴标准
2009 年	沼气项目	分区域补贴，东部、中部、西部补贴递增， 分别补贴 1000 元/户、1200 元/户、1500 元/户
2010 年	新批准的生物质发电项目	上网电价比上年递减 2%
	农林生物质发电项目	0.75 元/千瓦·时
2012 年	垃圾燃烧发电项目	0.65 元/千瓦·时
2017 年	大型沼气项目	1500 元/立方米

4.2.2 新能源财政补贴政策的效应

财政补贴是一种极其重要的经济激励方式，对于新能源产业的发展产生了显著的效果。不但提高了新能源产业的市场份额，还优化了居民的环境福利，增加了社会就业等。

（1）扩大了新能源产业的市场规模。近年来，我国对光伏产业、风能产业的电力价格推行上网电价机制，同时对金太阳和光电建筑项目设立财政补贴制度，推动了新能源市场份额的大幅度提升。2021 年第一季度，我国光伏累计装机容量为 25850 万千瓦，新增装机容量为 533 万千瓦[①]。分地区来看，山东省新增装机容量最大，达到 105 万千瓦，其次是陕西省，为 49 万千瓦，接下来是安徽省、广东省、江苏省，而北京市、上海市、天津市等地区光伏新增装机容量较少。光伏发电效率持续提升，2021 年利用率超过 95%，减少了太阳能资源的浪费。就风电产业而言，2014～2020 年我国风力发电量稳步增长，由 2014 年的 1598 亿千瓦时增长到 2020 年的 4665 亿千瓦时。从图 4.2 可以看出，风电增长率先上升后下降，2014～2016 年我国风电增长率呈上升趋势是由于 2015 年能源局颁布一系列激励政策确保风电并网，建立风电价格补贴的长效机制，减少弃风率。2017～2019 年增长率逐渐下降，这是因为 2017～

---

① 国家能源局. 2021 年二季度网上新闻发布会文字实录［EB/OL］.［2021 - 04 - 29］. https：//www.nea.gov.cn/2021 - 04/29/c_139915011.htm.

2019 年国家提高风电产业的补贴门槛，激励该产业参与市场化竞争。2020 年，风力发电增长率略有提升，国家积极推进分散式风电，实现风电的就地消纳，从而调整能源消费结构，同时满足终端用户的偏好和需求。在财政补贴政策的作用下，有效降低了新能源发电企业的边际成本，有利于扩大市场份额，拓宽市场边界。

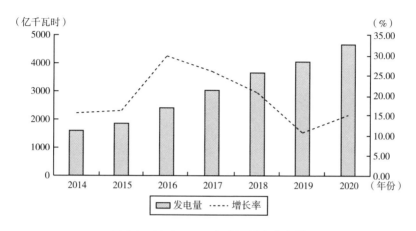

图 4.2　2014～2020 年中国风力发电量

资料来源：国家能源局。

（2）增加了新能源产业的收益。对新能源实施财政补贴政策，能够直接或间接提高新能源厂商的利润，形成财政补贴收入效应，弥补新能源厂商的成本亏损。例如，以上网电价制度为例，尽管财政补贴并未直接拨给新能源发电企业，而是拨给电网公司，但实际上新能源企业享受了实际收益。电网公司按照指定的价格全额买进新能源企业的电量，然后国家对电网公司进行补贴，以补偿电网公司的损失。上网电价机制本质上提高了新能源发电企业的收益，激励新能源企业扩大产能，推进新能源产业化。新能源发电成本与化石能源相比不占优势，在化石能源占主体的市场竞争中，煤电价格决定电价，此时若政府不给予财政补贴，则新能源企业基于成本—收益因素，不会选择新能源电力产品进行生产。新能源的成本与收益如图 4.3 所示。

NMC 表示新能源边际成本，NAC 表示新能源生产成本。经济学中能源定价的基本原理是边际成本等于边际收益，如图 4.3 所示。在 P_1、P_2、P_3 价格水平下，新能源生产企业的收益是不同的。当电价等于 P_1 时，电价低于新能

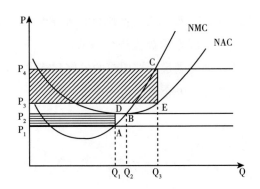

图 4.3　新能源的成本与收益

源生产成本曲线 NAC 的最低点与新能源边际成本曲线 NMC 相交于 A 点，新能源生产企业亏损，亏损部分为 P_1P_2DA 面积。当电价等于 P_2 时，电价曲线与新能源生产成本曲线 NAC 相切于生产成本曲线的最低点 B 点，此时新能源生产企业没有利润，成本和收益相抵消。当电价等于 P_4 时，新能源生产企业获利，收益范围是 P_3P_4CE 面积。国家是社会利益的代表，对新能源生产企业进行补贴是必要的。为了激励生产企业长期投资新能源相关领域，需要降低其开发利用的成本。对新能源给予适当的财政补贴，是将外部效应内部化的有效方式，同时，增加新能源生产者剩余与消费者剩余，从而实现资源的合理配置，提高新能源生产企业的收益率。

（3）改善了居民的环境福利。财政补贴是推动新能源产业集群化的重要手段，这一点已形成世界各国的共识。为了应对全球气候变暖问题，各国运用不同的激励方式来发展新能源，如新能源投资补助、电价补贴、优惠贷款等，以降低碳排放，改善人类的环境福利。我国作为世界上人口超过 14 亿的国家，能源资源较为紧缺，生态环境相对脆弱，推进新能源发展显得刻不容缓，尤其"十四五"规划强调提升新能源的市场份额，加强特高压等新能源基础设施建设，调整能源消费结构，尽快实现碳达峰。近几年通过政府的制度保障与资金支持，新能源发展成效显著。煤炭消费比例逐渐下降，2020年煤炭资源占总能源消费比例与 2019 年相比下降了 1%[①]，从而减少了二氧化

---

① 国家统计局. 2020 年全国原煤产量 39 亿吨. [EB/OL]. [2021 – 03 – 30]. https：//www. ndrc. gov. cn/xwdt/ztzl/nybzgzzl/gnjnybz/202103/t20210330_1270959. html.

碳排放量,改善了空气质量,增加了整个社会的环境福利。例如,2021年1~4月,风电装机容量为28744万千瓦,同比增长35%;光伏发电装机容量为26097万千瓦,同比增长24%。例如,2020年,风能与太阳能光伏发电量为7270亿千瓦时,直接降低二氧化碳排放量6.857亿吨,有利于我国实现碳减排的目标①。

(4)带动了社会就业。财政补贴政策带来了新能源产业的井喷式增长,促进了社会就业。同时,新能源产业是高新技术产业,与之密切相关的有设备制造业、新材料等产业,这些行业的发展提供了新的就业机会。随着新能源产业的集群化发展,其对人才的需求也越来越大,改善了社会就业率。根据IRENA(2020年)2019年我国太阳能光伏就业人数为221.4万人,占世界太阳能总就业人数的58.96%,超过美国(24万人)和欧盟(12.7万人),如表4.3所示。我国生物质能就业人数为38.4万人,与欧盟相比存在较大差距,欧盟生物质能就业人数达到70.6万人。从风能来看,我国风能就业人数为51.8万人,占世界的44.46%,是美国的4.3倍,是欧盟的1.8倍。总体来说,新能源产业规模的扩大,显著增加了社会就业,2019年,我国新能源就业人数达到311.6万人,占全球的36.65%,具体如表4.3所示。

表4.3　　　　　　　　　　2019年全球新能源就业人数　　　　　　　　　　单位:万人

项目	全球	中国	美国	欧盟
太阳能	375.5	221.4	24	12.7
生物质能	358.1	38.4	35.5	70.6
风能	116.5	51.8	12	29.2
合计	850.1	311.6	71.5	112.5

资料来源:根据IRENA 2020年整理计算。

4.2.3 新能源财政补贴政策存在的问题

(1)财政补贴政策偏向供给端,影响供需平衡。新能源财政补贴主要针

---

① 根据国家发改委提供的数据计算所得。

对研发生产阶段，缺少对消费端的激励机制。国家对新能源生产企业实施了各种补贴制度，有效刺激了新能源产品的供给，而对消费者的补贴力度不够，未能大幅增加新能源需求，导致新能源供给大于需求，供需处于失衡状态。例如，金太阳项目主要对太阳能电池的研发和组件制造给予补贴，降低了光伏企业的研发与生产成本，于是，无数企业开始涌入光伏产业，光伏电力产品供给迅速上升。然而，对终端用户的财政补贴较少，仅针对分布式发电提供的价格补贴对用户的刺激效应极为有限。这样一来，光伏电力供给超过需求，随之出现产能过剩问题，尤其在新疆、甘肃等地区弃电现象严重，补贴制度未能充分发挥预期的效用。在市场机制中，电力产品的供给由需求决定，财政补贴偏向供给侧大大刺激了新能源供给，而新能源需求量却没有同步增长，在市场这只"看不见的手"作用下，新能源生产者会减少电力供给，不利于该产业的集群化发展，生产者的积极性也会受损。

（2）补贴政策变动频繁，不利于新能源产业健康发展。新能源补贴政策不稳定，变动幅度较大，不利于投资者预期将来的收益，影响补贴政策的效果。例如，金太阳项目2011年补贴金额为每瓦9元，2012年调整为每瓦7元，下降了22.22%。目前光伏发电平均回本周期为5~7年。中央政府将光伏扶贫作为重大发展战略，而扶贫资金主要来源于国家补贴或者银行贷款，如果缺少政府资金支持，回本周期将会延长，远离了光伏扶贫的初衷。财政补贴政策持续时间不长，稳定性较弱，不利于新能源的推广应用。

（3）财政补贴监管机制有待进一步完善。我国对太阳能光伏、风能、生物质能等新能源制定了各种财政补贴政策，以激励新能源产业规模的扩大。然而，由于缺少相应的监管机制，新能源生产者趁机骗取政府补贴，以获得高额的潜在利润，影响资源的统筹配置，降低了补贴政策的效率。例如，广东某企业虚报光伏发电装机容量与生产规模，骗取财政补贴2000多万元，还有众多不符合标准的小公司通过中介机构编造虚假信息申请光伏补贴，违规套取财政资金，导致补贴资金未能提供给真正需要它的人。由于存在信息不对称，政府不可能全面知晓市场中所有新能源的交易信息，新能源生产者可能趁机骗补，导致财政资金的浪费。

4.3 中国新能源发展的税收激励政策

纵观欧盟、美国等发达地区新能源发展的激励政策，税收激励是推动新能源产业发展的主要方式之一。特别是在新能源发展的初始阶段，税收优惠可以有效减轻企业的税收负担，直接增加新能源的投资收益，对于企业生产具有显著的激励作用。然而，实施何种税收激励政策，是新能源产业发展的重中之重。本节从税收政策的发展历程、现状及其存在的问题三个方面刻画了中国新能源产业发展的税收激励政策。

4.3.1 新能源税收激励政策变化历程

（1）光伏产业发展的税收政策变化历程。太阳能是取之不尽、用之不竭的能源资源，更是一种清洁能源，对环境产生的影响微乎其微。根据相关文献，人类社会利用太阳能已有3000年的时间，但是真正将太阳能纳入未来能源结构是近些年的规划。20世纪90年代以来，政府颁布了丰富多样的税收激励政策，推动太阳能光伏产业的发展，具体如表4.4所示。

表4.4　　　　　　　　　　光伏产业税收政策概述

时间	政策内容	发布方
1997年12月29日	对于外商投资的进口设备，实施减免关税与进口增值税政策	国务院
2007年12月6日	政府重点关注的基础设施建设，第1~3年采取免征所得税政策，第4~6年采取减半征收所得税的政策	国务院
2010年4月13日	对符合条件的公司为制造特殊装备而需要进口核心原材料或产品的，减免关税以及进口增值税	国家税务总局、海关总署等
2012年3月12日	对符合条件的公司为生产太阳能电池而需要进口关键原材料，从当年4月1日起免征关税与进口增值税	国家税务总局、海关总署等

时间	政策内容	发布方
2013 年 9 月 23 日	规定从 2013 年 10 月 1 日到 2015 年 12 月 31 日这段时间，针对纳税人销售使用太阳能自产的电力产品，实施增值税即征即退 50% 的优惠举措	国家税务总局、财政部
2015 年 1 月 26 日	为推进节能减排，对电池、燃料征收消费税，规定税率为 4%。同时，对太阳能电池（将光能直接转变成电能的设备）免征消费税	国家税务总局、财政部
2016 年 7 月 25 日	规定从 2016 年 1 月 1 日到 2018 年 12 月 31 日这一区间，继续执行增值税即征即退 50% 的方案。已征的根据规章制度予以退还	国家税务总局、财政部
2018 年 11 月 14 日	从 2019 年 1 月 1 日起，对部分太阳能光伏设备免征进口关税与增值税	六部委
2019 年 11 月 26 日	企业为了生产光伏设备而选择进口零部件与产品，从 2020 年 1 月 1 日起免征进口关税和增值税	能源局、海关总署等五部门

（2）风能产业发展的税收政策变化历程。1994 年，政府颁布了《风力发电场并网运行管理规定（试行）》，这是首个针对风能产业的规范准则①。目前，我国风能产业的制度框架逐渐优化，发展为比较全面、系统的制度体系。风能产业的税收激励是基于费用分摊以及财政补贴制度基础之上，进一步扶植风能发展壮大的税收优惠制度，例如所得税、增值税和关税优惠等，以减轻风能企业的税负，提高其实际收益。

我国风能产业的税收激励政策如表 4.5 所示。

表 4.5   **风能产业税收政策概述**

时间	政策内容	发布方
1997 年 12 月 29 日	风电站投资是政府鼓励的投资项目，所以对风力发电设备减免关税与进口增值税	国务院

---

① 何辉. 新能源产业面临的挑战与财税应对策略 [M]. 北京：经济科学出版社，2018：155 – 162.

续表

时间	政策内容	发布方
2007 年 1 月 14 日	企业为组装风力发电机等设备需要进口核心零件，对相关的关税和增值税实施先征后退政策	发改委、税务总局、财政部等
2008 年 4 月 14 日	企业为生产功率大于 120 万瓦的风力发电装备而必须进口一些零部件所上缴的关税与增值税，执行先征后退机制	财政部
2008 年 12 月 9 日	对风力生产的电力产品，实施增值税即征即退 50% 的政策机制	税务总局、财政部
2014 年 2 月 18 日	对进口的风能发电机配件，例如叶片、发电机与变流器等，减免关税和进口增值税	财政部、发改委、能源局等六部门
2015 年 6 月 12 日	对销售使用风能自产的电力产品，执行增值税即征即退 50% 的优惠	财政部、税务总局
2020 年 7 月 24 日	对研发、生产关键技术装备的企业，减免关税和增值税	工业和信息化部等五部门

（3）生物质能产业发展的税收政策变化历程。发展生物质能对于替代传统能源、提高农民收入、优化能源结构，具有极其重要的意义。发达国家为了促进生物质能的开发利用，采取了一系列扶持政策，例如英国的低碳转型规划、巴西的乙醇能源计划等。从长期来看，生物质能作为传统能源的替代品，亟须提升其在市场上的核心竞争力。生物质能产业的发展前期，面临着发电成本高、投资风险大、技术水平有待完善等制约因素[1]。因此，有必要对生物质能产业予以税收激励，以促进其健康发展。

2007 年 12 月 6 日，国家颁布了《中华人民共和国企业所得税法》，第二十七条规定，对政府重点扶植的公共项目，例如生物质能发电项目，第 1 年到第 3 年减免生物质发电企业的所得税，第 4 年到第 6 年减半征收该企业的所得税。

2008 年 12 月 9 日，税务总局和财政部联合颁布了关于生物质能综合利用

---

① 王朝才，曾晓安. 中国发展新能源的财税政策 [M]. 北京：中国财政经济出版社，2012：103－108.

的政策①, 第五条规定, 对出售自产的生物柴油采取增值税先征后退制度。该通知的第三条规定, 利用垃圾直接焚烧发电或供热, 给予增值税即征即退的激励政策。同年, 发改委、财政部、税务总局联合发布了《综合利用企业所得税优惠目录》, 第十六条规定, 采用农作物秸秆或稻壳发电, 按照收入减计10%计入所得税。

2011年11月21日, 财政部发布《关于调整完善资源综合利用产品及劳务增值税政策的通知》, 规定利用动物粪便、稻壳等农林废弃物发电或沼气发电, 享受增值税即征即退100%的优惠力度。该项税收激励政策有利于提高农民收入、改善农民生活质量, 还有利于保护农村的生态环境。同年, 财政部和税务总局制定了针对燃料乙醇的退税制度, 2011年退税比例达到80%, 接下来每年递减20%, 到2015年结束。

2020年6月19日, 国家税务总局发布《支持脱贫攻坚税收优惠政策指引》, 促进农民的增收和农业结构的优化。开发生物质能可以拓宽农产品的转换途径, 维持农产品的价格, 从而防止谷贱伤农。税收扶贫政策的第五十条规定, 利用农林废弃物 (如秸秆、粪便等) 燃烧发电, 实施增值税全额减免; 第五十一条规定, 利用农林废弃物生产相关产品, 实施增值税即征即退70%; 第五十六条规定, 对沼气发电企业给予所得税"三免三减半"的优惠措施。

4.3.2 新能源税收激励政策现状

税收激励政策对于促进新能源产业的发展具有极其重要的意义。税收激励政策本质上是通过减税或者免税的手段, 刺激投资者对新能源产业进行投资, 扩大新能源的市场规模。站在投资者的角度来看, 税收激励政策在新能源产业发展的初期影响较小, 减免税收的优惠政策收益不大。然而, 随着新能源企业利润的增加, 销项税额逐渐超过进项税额, 此时, 税收优惠的优势就体现出来。以太阳能光伏产业的税收政策为例, 在光伏产业建设初期, 关键装备等固定资产投入成本大, 销项税额远远低于进项税额, 税收激励政策产生的收益并

---

① 关于生物质能综合利用的政策是指《财政部 国家税务总局关于资源综合利用及其他产品增值税政策的通知》。

不显著。光伏企业投资运营后，利润逐渐提高，增值税优惠的政策效应就表现出来。十几年来，国家实施了诸多税收激励政策，助推新能源产业的发展。

（1）增值税税收激励政策。政府对新能源产业给予的税收激励政策，主要包括即征即退、先征后退、税收减免等优惠措施。利用风能、太阳能作为动力发电，实施增值税即征即退50%的激励政策；利用秸秆、稻壳等农林剩余物作为燃料发电，采取减免增值税的优惠机制。此外，国家对太阳能光伏装备、风电整机以及相关配件等，采取免征进口增值税的政策。

（2）企业所得税税收激励政策。为了减轻新能源企业的负担，刺激新能源的供给与需求，《中华人民共和国企业所得税法实施条例》规定，对于重点基础设施建设，分两个阶段采取不同的优惠政策，第一阶段为第1~3年，这一区间段采取免税机制；第二阶段为第4~6年，这一区间段实施减半征收的激励政策。对于生物质能产业，《财政部　国家税务总局关于执行资源综合利用企业所得税优惠目录有关问题的通知》规定，计算该类企业纳税金额时，减按90%计入当年收入。

（3）关税税收激励政策。为了解决新能源技术、核心装备进口的瓶颈问题，国家出台了针对性的关税政策，以降低新能源企业的投资成本。《财政部　海关总署　国家税务总局关于调整重大技术装备进口税收政策暂行规定有关清单的通知》规定，对大功率的风电机、太阳能光伏装备以及配件等，采取免征进口关税的措施。此外，国家对光伏产品出口予以减免关税，增强其国际竞争力，这有利于我国能源朝着多元化、集群化方向发展，从而降低能源对外依存度，保障能源安全。

4.3.3　新能源税收激励政策存在的问题

近十几年来，中央政府实施了一系列税收政策来刺激新能源产业的发展。在国家政策的支持下，新能源开发利用取得了优异的成绩，但是也存在一些问题。

（1）税收激励措施力度不够、持续性不强。在现有技术水平下，新能源投资风险偏大，而且电力供给具有间歇性，在国际市场中没有竞争优势，因此，离不开政府的经济激励。但是现行的税收激励政策也存在诸多问题：第一，现有的税收激励制度约束条件纷繁复杂，以增值税为例，虽然国家采取了减半征收、即征即退等激励政策，但是这类政策仅适用于生物质焚烧发电、利用风力发电、进口大功率风电装备与配套零件等。第二，税收激励机制持续性、稳定性较弱，降低了投资者的预期，也不利于新能源的均衡发展。税收政策比较分散，容易出现"顾此失彼"的现象。例如，对进口风电装备予以减免增值税尽管能够减少投入成本，然而进口风机依然比国产风机的价格高很多。

（2）税收激励方式单一、重点不突出。现行的税收激励途径主要有减税与免税两种途径，激励方式较为单一，激励政策还不全面，有待进一步完善。税收激励的其他方式，例如，再投资退税、加速折旧补助等很少推行。而且新能源产业的税收激励具体表现在三个税种上，即增值税、企业所得税和关税。税收支持制度还没有形成完整的体系，制度之间缺乏协调性，增加了交易成本。因此，在设计新能源税收制度时要考虑新能源的不同发展阶段，在此基础上实施不同的税收激励机制，以构建全面的税收链条体系。

（3）缺乏系统的税收激励框架。发达国家对新能源开发利用给予税收支持政策，同时也对高耗能、高污染行业采取相应的约束机制，例如，征收环境税等。环境税具有双重红利效应，可以为政府提供稳定的财政资金来源，用以补贴新能源企业，还能够有效减少碳排放，提升环境质量。我国对新能源产业的税收激励集中于生产环节，而对终端消费环节缺乏激励机制，导致新能源企业为获取资金无限扩大产能，然后大量弃风、弃光现象随之出现，造成政策与资金的浪费。基于此，应根据新能源产业的发展历程，从研发、生产和消费等环节综合考虑，制定合理、科学的税收激励政策。

4.4 中国新能源发展的金融支持政策

新能源产业属于资金密集型产业，在其初级阶段，资金需求量较大，根据国家发改委测算，2005~2020年新能源资金需求量高达 7 万亿元。这一资金数额和新能源企业的融资能力存在较大的差距，因此，不仅需要政府补贴政策的支持，还需要资本市场的支撑，通过市场渠道缓解新能源企业的融资约束。本节首先梳理了金融支持政策的变化历程，其次分析了金融支持政策的现状，最后指出存在的问题。

4.4.1　新能源金融支持政策变化历程

当前，我国金融支持制度逐渐完善，对新能源项目的支持力度也越来越大。表4.6为推动新能源发展的金融政策。

表 4.6　　　　　　　　　　　新能源产业金融支持政策概述

时间	政策内容	发布方
1995 年 2 月 6 日	银行机构在贷款时优先考虑新能源项目，为新能源提供优惠贷款	中国人民银行
2012 年 1 月 29 日	将推广绿色信贷作为国家的发展战略，引导信贷资金流向新能源产业，助推能源转型	银监会
2013 年 8 月 22 日	大力支持分布式光伏发电领域，为投资者提供信贷支持，贷款期限长达 15 年	能源局、国开行
2015 年 1 月 14 日	加快新能源资产证券化，为新能源项目提供信托、担保等金融服务	国务院
2016 年 8 月 31 日	积极完善绿色金融框架，激励新能源技术研发，助推经济的绿色转型	七部委
2017 年 6 月 14 日	激励金融创新，开发绿色投资基金，推行绿色保险，从而丰富新能源企业融资渠道	国务院
2021 年 2 月 24 日	鼓励银行系统发放补贴确权贷款，扩大对新能源企业的信贷支持	发改委、中国人民银行、能源局等五部门
2021 年 10 月 24 日	创新绿色股权、绿色基金等金融产品，引导政策性银行为新能源项目提供中长期资金，推动新能源产业的高质量发展	国务院

4.4.2　新能源金融支持政策现状

新能源项目前期投入较大，仅依靠财政补贴是不够的，此时，金融政策发挥了重要的作用。国家实施了很多推动新能源发展的金融政策，具体包括以下方面。

（1）对新能源产业实行低息贷款政策。低息贷款政策能够大幅降低新能源企业的投资成本，是一种有效直观的行政手段。发达国家都对风能与太阳能产业给予低利率贷款，利率介于［2%，6%］。德国在屋顶计划和新能源电力法中均提出了贷款优惠政策，以减轻企业还本付息的负担，激励新能源企业扩大生产规模，提升生产效率。借鉴德国的经验，我国已设立新能源专项资金，鼓励银行机构实施低息贷款政策。结合新能源项目的发展阶段，实行不同的金融支持模式，推动新能源产业的协调发展。从银行贷款角度看，商业银行应加大新能源信贷规模、适当延长还款期限等。

（2）政策性银行的支持。政策性银行具有实现政府发展目标的职能，因此，通过政策性银行支持新能源项目是普遍的做法。商业银行以盈利为根本目标，关注资金的安全性和流动性，而新能源产业投资具有较大的不确定性，所以商业银行持观望态度。此时，必须发挥政策性银行的引领作用，为新能源项目提供资本支撑。政策性银行关注国家能源发展战略，践行社会历史责任，将盈利作为次要目标。以国家开发银行为例，2021 年，国家开发银行计划向新能源产业发放 1000 亿元贷款，"十四五"期间合计投放 5000 亿元贷款，为新能源的高质量发展奠定了基础。国家开发银行应进一步优化贷款结构，加大对新能源项目的支持力度，完善能源基础设施建设，从而推动能源转型和体制创新。

（3）发挥产业投资基金的杠杆作用。设立产业投资基金是促进新能源发展的新型金融手段。产业投资基金是以私募形式建立的，重点投资于未上市的小微企业，是股权投资的重要方式。美国、德国等国家均成立了支持新能源发展的基金，以美国为例，在 15 个州推广新能源发展基金。目前我国产业投资基金还处于初创期，规模化程度偏低，体量较小。为了实现碳中和的目标，国家能源集团于 2021 年 1 月成立国能基金，重点扶持有发展前景的新能源产业。国能基金规模超过 100 亿元，可以保障 600 万千瓦的新能源项目顺利实施。此外，景顺长城基金、中海能源基金等产业基金也呈现蓬勃发展的态势。新能源作为国家重点支持的行业，可以通过产业投资基金的渠道开展融资。

4.4.3　新能源金融支持政策存在的问题

（1）银行贷款对新能源支持力度不够。银行体系对新能源项目的支持力度有限。商业银行以盈利为主要目标，投资时关注资本的安全性，而新能源的产出和销量存在较大的不确定性，因此，商业银行对新能源行业贷款比较谨慎。同时，商业银行出于防范风险的考虑，对新能源企业设置了严苛的担保政策，而且贷款额度有限，制约了新能源企业的规模化发展。商业银行仅对收益稳定的国有大型新能源项目进行投资，而没有选择中小型新能源项目，不利于产业的高质量发展。此外，政策性银行对新能源企业的贷款总量不足，投资范围较窄，不能满足新能源企业的资金需求。发展新能源产业需要大量的资本投入，而政策性银行的信贷支持有限，仅对风能、生物质能等产业进行扶持，支持力度不够。

（2）资本市场不够发达。资本市场是新能源企业重要的筹资途径，具有资金量大、无须偿还等比较优势，能够有效缓解新能源企业的融资约束。然而，目前我国资本市场有待完善，金融产品较为单一，准入门槛相对较高，无法满足中小企业的融资需求。从股票市场来看，沪深两市上市门槛都相对较高，审核流程比较复杂，许多处于发展初期的中小企业无法获得上市资格，阻碍了新能源企业的协调发展。从债券市场来看，债券市场存在产品单一、数量有限等问题，不利于新能源企业的长期发展。

（3）风险资本尚不规范。随着"十四五"规划的出台，国家对新能源产业高度重视，新能源产业面临着广阔的发展前景。虽然很多风投机构都将新能源列为重点产业，但是风险投资的规模和数量并不占优势。由于新能源项目技术风险较高，延期完工、成本超支等问题频繁出现，导致风投机构对新能源项目投资相对谨慎。此外，风险资本的退出机制有待进一步优化。我国新能源产业的成长周期导致风险资本很难在短期内完全退出。同时，风投机构对新能源技术范式缺乏了解，无法预测科技成果能否推广，技术障碍制约了风险资本进入新能源产业。综合以上分析，我国风险投资还不规范，运作流程简单，总体规模较小，对新能源项目的投资额度有限。

4.5 本章小结

本章介绍了新能源相关政策的现状及存在的问题。首先梳理了新能源政策体系，其次重点剖析了财政补贴政策、税收激励政策和金融支持政策的现状。对于财政补贴政策，本章阐述了新能源产业发展的财政补贴政策变化历程，接下来分析了财政补贴政策的效应，并指出补贴政策存在的问题。对于税收激励政策，本章梳理了新能源产业发展的税收政策变化历程，进一步分析了税收政策的现状以及存在的问题。现行税收政策存在税收激励方式单一、持续性不强、缺乏系统性等问题。对于金融支持政策，本章讨论了新能源产业发展的金融政策变化历程，在此基础上分析了金融政策的现状以及存在的问题。

第5章

中国新能源发展的政府补贴效应分析

新能源产业属于资金密集型产业，在其初级阶段投资较大，包括设备购入费用、土地费用以及设备维护费用等。新能源发电成本明显高于传统化石能源，在市场价格竞争中处于不利地位，为了降低其发电成本，政府有必要对新能源给予财政补贴。此外，新能源具有绿色、低碳、可再生的特征，开发新能源有利于实现碳达峰碳中和的目标，有利于建立人和自然命运共同体，有利于优化能源供给结构和消费结构，有利于加强能源国际合作，保障我国能源安全。本章首先分析了政府补贴对新能源研发投入的作用机制；其次通过构建固定效应模型、分位数回归模型等实证分析了政府补贴对新能源企业研发投入的影响，在此基础上进行了分阶段、分样本回归；最后运用系统 GMM 估计方法进行了稳健性检验。

5.1 政府补贴对新能源企业研发的作用机制分析

（1）政府补贴在新能源发展中的作用。福利经济学指出，市场失灵是政府实施补贴政策的理论基础。市场并不是无所不能的，当出现外部性、信息不对称、影响市场的价格势力时，市场便处于失灵状态。萨缪尔森（1954）认为，政府能够在一定程度上纠正市场失灵对效率的损害，因此，政府应主动介入到经济活动中。政府介入的最佳程度是政府介入的边际成本等于边际收益。新能源市场具有明显的正外部性，可以有效降低碳排放，提升整个社会的福利水平。然而，新能源设备高昂的投入成本却由少数企业承担，有损新能源企业的生产积极性。因此，政府有必要进行补贴，通过设计合理的征税制度和补偿机制来将新能源的发电成本分摊到电力产品中去，降低新能源企业的发电成本，为新能源和传统能源营造公平、有效的市场环境，从而实现能源结构的优化和自然环境的改善。

政府补贴能够纠正新能源产业的外部效应。外部性使价格这个信号无法发挥原有的激励作用。在经济主体是自利、理性的假设前提下，没有任何人会主动去做自己承担所有风险而其他人获利的事情。因此，外部性的存在使得市场不能实现帕累托最优①。当价格机制失灵时，很难通过市场或个人之间的协调来解决，此时，国家作为制度的供给者和产权的界定者，可以充分发挥"扶持之手"的作用，对新能源产业实施财政补贴，以提高能源市场的效率，促进社会公平，减少市场失灵。如图 5.1 所示，MC_P 表示新能源的私人边际成本，MC_d 表示新能源的社会边际成本，MR_s 表示新能源的社会边际收益，MR_P 表示新能源的私人边际收益。若政府不对新能源产业提供财政补贴，新能源的私人边际成本 MC_P 与私人边际收益 MR_P 相交于 E_P 点，此时新能源发电量为 Q_P。从社会福利的角度看，最优水平应当是私人边际成本 MC_P 和社会边际收益的交点 E_s，此时，新能源产量为 Q_s。由图 5.1 可知 $Q_P < Q_s$，即新能源企业

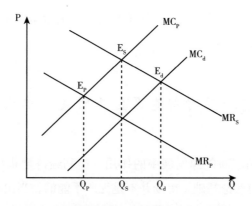

图 5.1 政府补贴纠正新能源产业外部性

---

① 沈满洪，何灵巧. 外部性的分类及外部性理论的演化 [J]. 浙江大学学报（人文社会科学版），2002，32（1）：152 - 160.

提供的电力低于社会福利水平。这时若政府实施财政补贴，新能源的私人边际成本由 MC_p 曲线向右下方移到 MC_d 曲线，与社会边际收益 MR_s 相交于 E_d 点，对应的新能源的发电量为 Q_d。如果财政补贴适当，能够使补贴后的新能源发电量等于最优供给水平。

补贴政策是政府职能的客观反映，是政府实施宏观调控的重要手段。公共财政具有优化资源配置、减少收入差距、协调国际收支等功能。开发利用新能源和公共财政的功能高度契合，符合公共财政体系的内在要求。财政补贴可以激励新能源企业进行技术创新，进一步扩大新能源市场规模。同时，政府能够为新能源市场提供公共服务，完善新能源产业发展相应的配套设施，如特高压输电工程、新能源充电桩等基础设施建设。

从新能源技术研发来看，新能源核心技术有待突破，原材料和市场受到国外的制约，产业链发展不平衡，技术路径还不成熟，缺乏长期规划和整体部署。这时，政府补贴显得尤为重要，例如，对风电产业、太阳能光伏产业等实施上网电价机制，对新能源设备制造业给予财政补贴，对光电建筑工程提供一定标准的补贴等，这一系列激励机制助推新能源企业提升技术研发水平。目前，新能源产业的技术范式还有待进一步改进和优化。以光伏产业为例，随着晶体硅太阳能电池成本的下降，晶体硅迅速占据光伏产业的半壁江山，薄膜太阳能电池的发展举步维艰，大量专业化设施无用武之地，使光伏企业遭受巨大的损失。从新能源产品投资来看，新能源投资成本较大，风险也高于传统化石能源，需要政府实施激励机制来保障新能源产品的供给，从而扩大新能源产品市场，助推经济发展的低碳化和绿色化。世界诸多发达国家均采取了不同的激励机制来鼓励新能源产品投资，例如，德国、美国、日本等国家以税收减免、财政贴息、配额制等方式补偿对新能源技术的投资。虽然中国新能源产品投资增长速度较快，但是新能源产业链延伸的长度与韧性不够，产品细分化程度偏低，产业发展还不成熟，需要政府给予适度的财政支持。财政支持的方式主要包括完善基础设施、实施税收激励、成立新能源风险投资基金等。从培育新能源市场来看，新能源开发初期社会认知度较低，市场前景不明朗，离不开政府的扶持。发达国家在这方面的成功经验值得我国学习。例如，日本一方面注重对新能源消费端提供补贴，另一方面激励能源技术的研发和推广应用，推动新能源产品的商业化进程。日本对购买混合动力汽车的消费者实施免税措施，还进一步完善电动汽车基础设施，为新能源汽车的蓬勃发展提供了良好的环境。又如，美国出台了诸多补贴政策和法律法规来降低新能源发电的成本，扩大新能源市场，提高消费者对于新能源产品的认知度，为消费者购买新能源产品营造良好的氛围。相比之下，中国对消费者的经济激励不够，侧重于对生产者的激励。就新能源汽车而言，我国走的是"重投资、轻消费"的路线，针对消费者的直接补贴机制有待完善。为了培育新能源市场，政府有必要通过配额制、财政补贴、出口退税等方式引导新能源投资和消费，调整供给和需求，优化能源消费结构，从而减少能源对外依存度，保障能源市场安全。

（2）政府补贴对新能源企业研发的影响分析。

①政府补贴和新能源企业研发。依据公共物品理论，新能源企业的研发投入具有公共品特性，由于正外部效应引起的技术外溢使得其他企业搭便车，不利于新能源企业研发的积极性。因此，尽管研发投入具有社会价值，但是新能源企业的研发投入低于社会最优水平①。由此可见，市场价格机制无法实现帕累托最优的研发投入水平。世界发达国家为了激励新能源企业进行技术创新，制定了一系列优惠政策和措施。政府补贴是普遍推行的手段之一，有利于保障新能源战略目标的实现。

政府补贴对新能源企业研发投入的影响主要基于信号传递理论与资源基础理论。

首先，从信号传递理论来看，信号传递是影响新能源产品供给和需求的关键要素。在信息不完全的能源交易市场上，价格机制无法实现资源的最优配置。信息作为一种稀缺性资源，不具有排他性，新能源企业基于研发过程的高风险和高成本，选择不披露研发项目的关键信息，以保持核心竞争力。这样一来，投资者无法准确判断新能源产品的预期收益与市场潜力，而且投资者从海量信息中筛选有效的产品信息需要花费一定的时间成本，过高的交易成本可能让投资者放弃投资新能源产业，导致新能源企业陷于融资难的困境。若此时政

---

① Sidorkin O, Srholec M. Do Direct Subsidies Stimulate New R&D Outputs in Firms? Evidence from the Czech Republic [J]. Journal of the Knowledge Economy, 2021.

府提供财政补贴，等于向投资者释放新能源产业发展空间良好的信号，进而激励投资者为新能源企业提供研发资金，推动企业技术创新。投资者会认为享受政府补贴的新能源企业具有优良的资质，市场前景广阔，预期可以获得巨大的潜在收益。于是投资者会主动投资新能源，缓解新能源企业的融资约束，同时，也激励新能源企业加大研发投入。

其次，从资源基础理论来分析，新能源企业的资源禀赋决定了研发水平，而研发项目的风险与信息不对称问题影响企业研发投入。为了激励规模较小、年轻的新能源企业进行研发投资，政府补贴是必要的，补贴资金能够促进新能源企业自主研发、技术引进，学习国外先进的新能源技术，推进新能源技术的市场化进程。此外，研发成果通常是无形的，正外部效应显著，政府补贴能够补偿技术溢出造成的损失，降低私人边际成本，激发企业进行新能源产品的研发投资，从而解决市场失灵，提升新能源公司的创新绩效。

学术界关于政府补贴对研发投入的影响进行了深入的讨论，主要问题是政府补贴会产生挤出效应还是挤入效应。部分学者认为政府补贴会挤占新能源企业的研发投入，即政府补贴对新能源企业的研发投入产生不利影响。宋林和乔小乐（2017）认为政府补贴会引起新能源研发需求的上涨，技术资源的要素价格会随之上涨，直接导致研发成本上升，研发投资的预期回报减少，为了获得更大的潜在利润，企业可能产生寻租行为，将补贴资金投入到其他盈利的项目上。于是得出政府补贴不利于新能源企业研发活动的观点。卡托泽拉和维瓦雷利（Catozzella and Vivarelli, 2011）利用意大利的公司数据，核算了政府补贴对创新产出的影响。赫拉韦特等（Gelabert et al., 2009）使用西班牙公司的数据，实证结果表明政府补贴对研发投入具有挤出效应。但是，大部分学者支持挤入效应，即政府补贴激励了新能源企业的研发投入。例如，邓若冰（2018）从政治寻租的视角，分析了政府补贴对 A 股上市公司研发投入的挤入效应，而且不同所有制结构的公司补贴效应差异明显。樊利和李忠鹏（2020）认为政府补贴对上市公司的研发投入具有正向作用。邵学峰和赵志琦（2019）指出政府补贴能够减少交易费用，降低新能源项目的研发风险，激励新能源企业进行研发投入。

综合以上分析，从激励效应视角来看，我国新能源产业技术范式还不成熟，自主研发能力较弱，政府补贴可以缓解新能源企业的融资约束，激励新能源企业研发投入。因此，提出如下假设。

假设 5 - 1：政府补贴对新能源企业研发投入具有激励作用。

②新能源企业产权性质的调节效应。新制度经济学指出，产权具有激励与约束功能。新能源企业的产权涵盖权能和利益这两个部分，如果新能源企业有了界限明确的产权，会使该企业的研发投入有稳定的预期。这样一来，新能源企业的研发投入就有了经济激励。产权的作用就是激发新能源企业的研发热情，使其研发投资的收益预期与其努力程度一致。新能源企业的产权性质不同，享有不同的要素比较优势，企业的研发投入也会呈现出差异。

科斯第二定理和第三定理表明，在交易费用大于零的能源市场中，产权的界定影响新能源的供给和需求，因此，产权界定和制度安排至关重要。科斯第二、第三定理是科斯定理真正要揭示的内容，第一定理只是铺垫，因为交易费用贯穿科斯全部理论的始终，科斯对新古典经济学的修正开始于"零交易费用"假定。产权的建立离不开国家，国家在界定产权时具有明显优势。德姆塞茨（1994）认为国家享有特殊的权利，能够制约私人所有权的权束。马克思主义者对产权安排的效率持有不同的观点。决定产权安排的效率不仅取决于意识形态，还取决于当时社会的生产力发展水平、环境状况、能源资源禀赋以及非正式制度等。所以，从动态的角度来看，私有产权并不总是高效的，国有产权并不总是低效的。新能源具有可再生和环境友好型特征，本身并不稀缺，确立新能源的产权收益往往小于确立它的交易费用，所以国有或共有产权在一定程度上是有效的。

不同产权性质的新能源企业技术、劳动、资本等要素存在较大差异，用于研发的资金也有不小的差距，因此，财政补贴的杠杆效应并不相同。根据我国的基本国情，新能源企业的研发投入不仅是企业家的决策，还跟国家的政策导向密切相关。为了在 2030 年之前完成碳达峰，政府提出大力发展新能源，建立可持续发展能源战略。国有企业天然背负更多的社会责任，需要实现一定的政治目标。从委托—代理理论来看，国有企业的高层往往是政府任命的，他们在制定新能源企业发展的目标时考虑的不仅是短期收益，更多的是政治升迁

（沈弋，徐光华和钱明，2016）。政府对新能源产业予以财政补贴，等于向能源市场传递了政府激励新能源技术创新的信号，这也表明新能源企业研发水平成为政府考核国有企业高层的核心指标。国有企业高层管理者将更愿意增加研发投入，以期获得政治利益与职业升迁。从竞争环境来看，新能源研发项目风险较大，回报周期为 5~6 年，产业发展不够系统性，国有企业抗风险能力更强，敢于将财政补贴用于研发项目。相比之下，非国有企业融资难度较大，而且遭受信贷歧视，抗风险能力较弱，不敢将大量资金用于研发投资，他们通常将财政补贴冲减之前的研发预算。同时，政府难以对非国有新能源公司进行监督，因为监督机制的交易成本过高，这样一来，非国有新能源公司更可能进行寻租活动，减少研发投入，政府补贴的激励效应在一定程度上被削弱。因此，本章提出如下假设。

假设 5-2：政府补贴对国有企业研发的激励作用比非国有企业更强。

③政府补贴对新能源企业研发投入的影响存在滞后性。新能源企业的研发过程通常为一年以上，从投入资金到技术自主创新，经历了漫长的周期，因此，从短期来看，政府补贴的绩效不能全部反映出来。政府补贴对新能源企业研发的正向激励不是瞬时的，而是之后很长一段时间都会产生激励作用。拉赫（Lach，2002）使用以色列 1990~1995 年的数据，利用双重差分法估计了财政补贴对公司研发投入的影响，结果表明，补贴可以促进中小企业研发投入，并且滞后期为 1~2 年。苏屹和林雨依（2021）认为财政补贴对新能源上市公司的研发投入产生挤入效应，挤入效应在一年后依然显著。政府补贴对新能源企业研发投入产生滞后性影响是由于研发项目周期较长，从要素投入到试验设计，再到技术范式形成以及新能源技术的市场化应用，这一系列流程需要耗费很长的时间，短期可能无法体现财政补贴的绩效。新能源产业具有较大的环境效益与社会效益，政府补贴可以有效增加私人边际收益，激发新能源企业的研发积极性，从长期来看，可以增加研发收益。考虑到新能源技术研发周期长，当期的技术路线无法反映财政补贴的实际效果，因此，本章提出如下假设。

假设 5-3：政府补贴对新能源企业研发投入的影响存在滞后性。

5.2 研 究 设 定

5.2.1 模型设定

首先，本节要论证的问题是政府补贴对新能源企业研发投入的影响，即论证假设 5 - 1 是否成立。因此，本书构建如下模型：

$$\text{Res}_{it} = C + \beta_1 \text{Aid}_{it} + \beta_2 \text{Scale}_{it} + \beta_3 \text{Lever}_{it} + \beta_4 \text{Age}_{it} + \beta_5 \text{Admin}_{it} + \beta_6 \text{Develop}_{it}$$
$$+ \beta_7 \text{Owner}_{it} + \beta_8 \text{Cash}_{it} + \beta_9 \text{Proper}_{it} + \varepsilon_{it} \tag{5.1}$$

其中，i 表示新能源企业个体，t 表示年份，C 表示截距项，β_1、β_2、β_3、$\cdots$、β_9 表示各个变量的估计参数，Res 表示研发投入，Aid 表示政府补贴，Scale 表示新能源公司规模，Lever 表示财务杠杆，Age 表示公司年龄，Admin 表示管理水平，Develop 表示公司成长性，Owner 表示股权集中度，Cash 表示现金流，Proper 表示新能源公司产权性质，ε_{it} 表示残差项。

首先，模型（5.1）分析的是政府补贴对新能源企业研发投入条件期望的影响，一般来说，条件期望模型对条件分布的假设条件极为苛刻，如果这些假设不能同时满足，那么 OLS 的均值回归不具有现实解释力。同时，古典 OLS 最小化的目标函数为残差平方和 $\sum_{i=1}^{n} \varepsilon_i^2$，所以回归结果很容易受到异常值的干扰。此时，分位数回归应运而生，可以反映条件分布的所有信息，而且最小化的目标函数为 $\sum_{i=1}^{n} |\varepsilon_i|$，避免了异常值的影响，使得估计结果更为稳健。所以本节设定分位数回归模型，如模型（5.2）所示：

$$\text{QR}_\tau (\text{Res}_{it}) = \alpha_0 + \alpha_1 \text{Aid}_{it} + \alpha_2 \text{Scale}_{it} + \alpha_3 \text{Lever}_{it} + \alpha_4 \text{Age}_{it} + \alpha_5 \text{Admin}_{it}$$
$$+ \alpha_6 \text{Develop}_{it} + \alpha_7 \text{Owner}_{it} + \alpha_8 \text{Cash}_{it} + \alpha_9 \text{Proper}_{it} + \varepsilon_{it} \tag{5.2}$$

其中，$\text{QR}_\tau (\text{Res}_{it})$ 为分位数点 τ 相应的分位数，α_0 为截距项，α_1 为 τ 分位点下政府补贴对新能源企业研发投入的边际影响，ε_{it} 为残差项。

其次，为了检验政府补贴对新能源企业研发投入的动态影响，本节在模型（5.1）的基础上加入研发投入的滞后期 L. Res，构建动态面板模型，如模型（5.3）所示：

$$Res_{it} = C + \beta_1 Aid_{it} + \beta_2 L. Res_{it} + \beta_3 Scale_{it} + \beta_4 Lever_{it} + \beta_5 Age_{it} + \beta_6 Admin_{it}$$
$$+ \beta_7 Develop_{it} + \beta_8 Owner_{it} + \beta_9 Cash_{it} + \beta_{10} Proper_{it} + \varepsilon_{it} \tag{5.3}$$

最后，为了进一步分析新能源企业产权性质对政府补贴绩效产生何种影响，在模型（5.3）的基础上加入政府补贴和新能源企业研发投入的交互项，来刻画不同产权性质下政府补贴的绩效，如模型（5.4）所示：

$$Res_{it} = C + \beta_1 Aid_{it} + \beta_2 L. Res_{it} + \beta_3 Proper_{it} + \beta_4 Aid_{it} \times Proper_{it} + \beta_5 Scale_{it}$$
$$+ \beta_6 Lever_{it} + \beta_7 Age_{it} + \beta_8 Admin_{it} + \beta_9 Develop_{it} + \beta_{10} Owner_{it}$$
$$+ \beta_{11} Cash_{it} + \varepsilon_{it} \tag{5.4}$$

模型（5.4）中的 β_4 可以解释为不同产权性质下政府补贴对新能源企业研发影响的异质性。

5.2.2　变量设定

关于因变量的选择，现有研究一般从投入或产出角度来核算新能源企业的研发能力。从投入角度来看，主要包括研发投入的相对指标和绝对指标，相对指标一般用研发支出占企业营业收入的比重或者研发支出占企业总资产的比例来表示，绝对指标通常用研发支出总额来衡量。综合现有研究，大部分文献采用的是相对指标，例如王临夏（2020）、祁特和陈良华等（2020）、张兴龙和沈坤荣等（2014）。从产出角度来看，通常利用新能源企业的专利数、销售收入等指标，例如方大春等（2016）、夏媛和姜娟（2021）。本书借鉴周亚虹和陈诗一（2015）等的研究成果，选择研发支出占新能源企业营业总收入的比重来衡量研发投入。

政府补贴作为本书的自变量，借鉴已有研究，用非经常性损益中的政府补助表示，选择政府补助主要有两个因素：第一，考虑到数据的完备性与可获得性，上市公司财务报告中政府补助这一项指标比较统一、规范，有利于研究的开展；第二，财政补贴的政策效果较为显著，对新能源企业的激励约束比较直观。考虑到新能源企业研发能力选择的是研发支出所占比例这一相对指标，所以本书选择政府补助的自然对数来衡量政府补贴水平。

关于控制变量的选择，借鉴杨思莹（2019）的研究，本书的控制变量主要包括以下八个：第一，新能源公司规模，用公司总资产的对数表示，记为Scale；第二，财务杠杆这一变量用总负债除以总资产表示，记为Lever；第三，公司年龄，用样本年度与新能源公司成立时间的差值核算，记为Age；第四，公司管理水平，用管理费用/营业总收入衡量，记为Admin；第五，公司成长性，用营业总收入增长率表示，记为Develop；第六，股权集中度，用新能源公司前十大股东持股比重来衡量，记为Owner；第七，公司现金流，用经营活动产生的现金流量净额除以新能源公司营业收入来核算，记为Cash；第八，公司产权性质，用虚拟变量标识，记为Proper。如果新能源上市公司为国有企业，则用1表示；如果新能源上市公司为非国有企业，则用0表示。本书的研究变量和计算方法如表5.1所示。

表5.1 研究变量与计算方法

变量类型	变量名称	符号	计算方法
因变量	研发投入	Res	研发支出/营业总收入
自变量	政府补贴	Aid	ln（政府补助）
控制变量	新能源公司规模	Scale	ln（总资产）
	财务杠杆	Lever	总负债/总资产
	公司年龄	Age	样本年度与公司成立时间的差值
	管理水平	Admin	管理费用/营业总收入
	公司成长性	Develop	营业总收入增长率
	股权集中度	Owner	前十大股东持股比例
	公司现金流	Cash	经营活动产生的现金流量净额/营业收入
	产权性质	Proper	1：表明新能源上市公司为国有企业 0：表明新能源上市公司为非国有企业

5.2.3　数据来源与特征

本书选择的样本为新能源上市公司数据，剔除了年报中没有研发支出数据的新能源公司，删除了政府补助数据不全的新能源公司，剩下 70 家新能源企业。数据来源于国泰安 CSMAR 数据库、锐思 RESSET 数据库以及上市公司年报。考虑到数据的可获得性和完整性，样本区间确定为 2011～2020 年。为了避免极端值的干扰，本书对变量依据 1% 和 99% 分位做了 Winsorize 处理。

表 5.2 给出了新能源企业各项指标的描述性统计。从表 5.2 可以看出，2011～2020 年新能源企业的研发投入整体较小，研发支出所占比重偏低，平均值仅为 3.42%，可能因为营业总收入金额较大显得研发投入较小。研发投入最小值为 0.02%，最大值为 13.23%，说明不同新能源企业之间的研发投入存在较大差距。从政府补贴指标来看，最大值为 20.3286，最小值为 10.4965，说明不同产权性质的新能源企业获得的政府补贴存在一定差距。从控制变量来看，新能源公司管理水平最小值为 0.27%，最大值为 31.27%，反映出管理水平差异明显。同样地，新能源公司成长性、经营现金流所占比例的最大值分别为 279.28%、76.11%，最小值分别为 -51.37%、-39.23%，表明新能源公司发展空间存在天壤之别，市场潜力大、资本充足的企业会形成垄断，获得较大的潜在利润，而一些小企业可能濒临财务危机，尤其是 2010 年以来国外对我国新能源产品实施反倾销、反补贴约束，企业发展进入瓶颈期。新能源公司平均规模为 22.9155，公司年龄均值为 19 年，财务杠杆平均为 51.61%，在正常范围之内。

表 5.2　　　　　　　　　　　　　　**变量的描述性统计**

变量	样本量	均值	标准差	最小值	最大值
Res	700	0.0342	0.0268	0.0002	0.1323
Aid	700	16.7957	1.6526	10.4965	20.3286
Age	700	18.5714	5.3599	4.0000	36.0000

续表

变量	样本量	均值	标准差	最小值	最大值
Scale	700	22.9155	1.3223	20.2495	26.2350
Lever	700	0.5161	0.2001	0.0794	0.9640
Admin	700	0.0742	0.0532	0.0027	0.3127
Develop	700	0.1606	0.4049	-0.5137	2.7928
Owner	700	0.5734	0.1690	0.1530	0.8878
Proper	700	0.4143	0.4930	0.0000	1.0000
Cash	700	0.1055	0.1829	-0.3923	0.7611

由于计量模型中包含较多的控制变量，为了避免多重共线性，有必要对模型中的变量进行相关性检验。如果几个变量之间高度相关，则无法区分单个变量对新能源企业研发投入的影响力，使得对变量系数的估计变得不准确。各变量的相关性检验结果如表5.3所示，从表5.3可以看出各个变量之间没有高度相关，故不用考虑多重共线性问题。

表5.3   变量相关性检验

变量	Aid	Age	Lever	Owner	Scale	Proper	Admin	Cash	Develop
Aid	1								
Age	0.139	1							
Lever	0.301	0.155	1						
Owner	-0.081	-0.327	-0.150	1					
Scale	0.499	0.248	0.446	0.163	1				
Proper	0.102	0.065	0.438	0.215	0.403	1			
Admin	-0.115	-0.133	-0.362	-0.060	-0.360	-0.265	1		
Cash	-0.063	0.163	0.025	0.126	0.347	0.199	-0.075	1	
Develop	0.048	-0.074	-0.002	0.092	-0.037	-0.067	-0.102	-0.083	1

5.3　实证结果与分析

5.3.1　基准回归结果分析

（1）基准回归。首先，为了检验政府补贴对新能源企业研发的影响，本书对模型（5.1）进行估计，如表5.4中第（1）列和第（2）列的估计结果。第（1）列为使用最小二乘法（OLS）得出的结果，结果显示变量 Aid（政府补贴）对新能源研发投入的系数为正并且在1%的水平上显著，这表明在控制了其他变量的情况下，政府补贴越多，新能源企业研发投入越多，这符合假设5-1。第（2）列为固定效应模型的估计结果，由于每个新能源企业的情况不同，可能存在不随时间而变的变量如产权性质等，因此，考虑使用固定效应模型。同时，F 检验的 P 值为0，可以认为固定效应模型和随机效应模型优于混合回归，接下来采用豪斯曼检验，结果显示 P 值为0，故选择固定效应模型。第（2）列结果表明变量 Aid 的系数为正且在1%的水平上显著。这说明政府补贴对新能源研发投入具有激励作用，验证了假设5-1。

第（1）列和第（2）列估计结果仅表示政府补贴对新能源企业研发的条件期望影响，为了进一步分析政府补贴对新能源企业研发的边际影响，本书采用分位数模型进行回归，选择的分位点分别为1/10、3/10、5/10、7/10，估计结果见表5.4中第（3）列、第（4）列、第（5）列、第（6）列。从表5.4中第（3）列到第（6）列可以看出，政府补贴在各分位点对新能源企业研发影响的系数都显著为正，意味着政府补贴激励了新能源企业研发，这与固定效应模型和OLS估计的结果一致。这种激励作用说明政府补贴可以提高生产者剩余，激励新能源生产者扩大研发投入，引进新技术替代原有的技术范式，完善新能源产业体系。此外，由表5.4可知，政府补贴的系数在不同分位上的估计结果有所差异，随着分位数的提升，Aid 的回归系数呈现先增加后下降的趋势。当分位数等于3/10时，Aid 的回归系数达到最大，为0.00328。这进一步说明政府补贴对新能源企业研发的激励作用具有分位异质性。

表 5.4　　　政府补贴对新能源企业研发影响的基准回归和分位数回归

项目	(1) OLS	(2) FE	(3) 10%	(4) 30%	(5) 50%	(6) 70%
Aid	0.0034 *** (0.0006)	0.0012 *** (0.0005)	0.00298 *** (0.00063)	0.00328 *** (0.00062)	0.00267 *** (0.00070)	0.00291 *** (0.00078)
Lever	−0.0239 *** (0.0053)	−0.0159 *** (0.0052)	−0.0186 *** (0.00544)	−0.0291 *** (0.00539)	−0.0218 *** (0.00603)	−0.0229 *** (0.00677)
Admin	0.2238 *** (0.0173)	0.1621 *** (0.0166)	0.0944 *** (0.0178)	0.17 *** (0.0176)	0.218 *** (0.0197)	0.341 *** (0.0221)
Cash	−0.012 ** (0.0051)	0.0029 (0.0042)	0.00144 (0.00522)	−0.0115 ** (0.00517)	−0.0214 *** (0.00578)	−0.0186 *** (0.00649)
Scale	−0.0018 * (0.001)	0.0004 (0.0013)	−0.00227 ** (0.000977)	−0.000294 (0.000967)	−0.00180 * (0.00108)	−0.000748 (0.00122)
Age	−0.0002 (0.0002)	0.0011 *** (0.0003)	−0.0000195 (0.000177)	−0.0000615 (0.000175)	−0.000109 (0.000196)	−0.000207 (0.00022)
Develop	−0.0011 (0.0021)	−0.003 ** (0.0013)	−0.0000667 (0.00212)	0.00265 (0.00210)	0.000356 (0.00235)	−0.00185 (0.00264)
Owner	−0.0074 (0.0058)	0.0022 (0.0065)	0.00309 (0.00595)	−0.00931 (0.00589)	−0.0103 (0.00659)	−0.0192 *** (0.0074)
Proper	−0.0004 (0.002)		−0.00431 ** (0.00207)	−0.00370 * (0.00205)	−0.00123 (0.00229)	0.00423 (0.00257)
常数项	0.0239 (0.0173)	−0.0198 (0.0252)	0.0147 (0.0178)	−0.0147 (0.0176)	0.0343 * (0.0197)	0.0135 (0.0221)
R²	0.358	0.205	0.134	0.229	0.185	0.195
样本量	700	700	700	700	700	700

注：***、**、*分别代表系数在1%、5%、10%的水平上显著，括号内为标准误差。

从控制变量来看，Lever 的系数在 1% 的水平上显著为负，表明负债率越高的新能源企业，财务风险越高，研发投入越少。从契约理论来看，委托人（新能源企业债权人）与代理人（新能源企业经理人）之间存在目标冲突，而且合约双方签订的债务契约是不完全的，存在较大的不确定性和信息不对称性，使得新能源企业经理人可能不考虑债权人的利益最大化，甚至损害债权人的利益。如果新能源企业负债率很高，那么经理人会预期未来的研发收益将属于债权人，在这种预期下，经理人会选择减少研发投入，导致新能源研发投资不足（林钟高、刘捷先和章铁生，2011）。而且新能源技术研发周期较长，需要投入大量资金，高负债让经理人不能承受创新产出跟不上新能源市场发展的风险，所以选择减少新能源研发投入（刘静文，2021）。这说明资产负债率和新能源企业研发呈显著负相关。管理水平（Admin）的回归系数为正，并且在1%的水平上显著，表示新能源企业管理水平越高，研发投入就越多。企业在经营管理中投入的资金越多，监管水平会越高，有利于形成公平、有效的制度环境，降低了新能源技术研发的风险，从而刺激新能源企业加大研发投入以保持核心竞争力（高展军和袁萌，2018）。

（2）阶段性分析。2015 年是"十三五"规划的开局之年，能源局专门制定了新能源发展规划，加快能源体制改革，以实现能源发展的绿色化之路。习近平主席也明确提出"四个革命、一个合作"战略规划，要求推进能源供给革命和消费革命，不断提高新能源在能源结构中的比重。因此，以 2015 年为时间节点进行分段回归是必要的。

为了研究政府补贴对新能源企业研发的激励效应，本书对样本进行分阶段估计，以讨论政府补贴对新能源企业研发影响的动态趋势，如表 5.5 所示。为了避免自变量的内生性问题，本书引入政府补贴的滞后变量作为稳健性检验。由于 F 检验的 P 值大于 0.1，无法拒绝原假设，所以选择混合效应模型。表 5.5 中第（3）列和第（4）列为滞后一期的回归结果，结果显示滞后一期的 L. Aid（政府补贴）系数在整个样本区间为正且在 1% 的水平上显著，表明滞后一期的政府补贴对新能源企业研发具有显著的激励效应，这验证了假设 5 - 3。同时，第（3）列和第（4）列的回归结果表明，政府实施补贴制度一年后仍然对新能源企业研发产生促进作用。可能的原因是新能源研发项目周期较长，从要素投入到试验设计，再到技术的市场化推广，这一系列流程需要花费一年以上的时间，短期无法完全体现财政补贴的效应。政府补贴对新能源企业研发的激励效应不是瞬时的，而是之后很长一段时间都会产生促进作用。

从表 5.5 可以看出，Aid 的系数在所有时间段内均为正并且显著，但是这种正向作用在 2011 ~ 2015 年大于 2016 ~ 2020 年。2011 ~ 2015 年，我国新能源产业处于快速成长期，能源供给量和消费量呈几何倍数增长，风能和光伏装机容量位居世界前列，政府补贴力度前所未有，这是因为我国在哥本哈根会议上承诺减少碳排放 40% ~ 45%，于是政府高度重视新能源产业，制定了多项补贴政策以激励新能源企业进行技术创新。所以在这一区间段政府补贴的回归系数较大。2016 ~ 2020 年，新能源产业进入成熟期，随着新能源技术的发展，发电成本也在逐渐下降，政府补贴制度日益完善，市场趋于饱和，所以在这一区间段政府补贴的回归系数有所下降。

从控制变量来看，管理水平（Admin）对新能源企业研发具有正向影响，而且这种正向影响在 2016 ~ 2020 年逐渐加强。说明随着时间的推移，新能源企业不断提升监管水平，制定有利于研发的制度安排，促进了新能源企业研发。公司现金流（Cash）、规模（Scale）、公司成长性（Develop）、股权集中度（Owner）等变量并非在整个样本区间都显著。

表 5.5　　　　　政府补贴对新能源企业研发投入的分阶段检验结果

项目	(1)	(2)	(3)	(4)
	2011 ~ 2015 年	2016 ~ 2020 年	2011 ~ 2015 年	2016 ~ 2020 年
	ME	ME	ME	ME
Aid	0.00396 *** (0.000874)	0.0027 *** (0.000818)		
L. Aid			0.00368 *** (0.0010486)	0.00254 *** (0.000899)
Lever	− 0.03202 *** (0.0065234)	− 0.00641 (0.0081746)	− 0.03528 *** (0.0075818)	− 0.01289 (0.0090086)
Admin	0.2207 *** (0.020288)	0.25378 *** (0.0268589)	0.2001 *** (0.0230084)	0.24392 *** (0.0309831)
Cash	− 0.0027 (0.0060542)	− 0.02452 *** (0.0078901)	− 0.0038 (0.007539)	− 0.03174 *** (0.0090665)

续表

项目	(1) 2011~2015年 ME	(2) 2016~2020年 ME	(3) 2011~2015年 ME	(4) 2016~2020年 ME
Scale	-0.00399*** (0.0012722)	-0.00134 (0.0013495)	-0.00293** (0.0015108)	-0.00135 (0.0014724)
Age	-0.00062** (0.0002565)	-0.00085*** (0.0002679)	-0.00088*** (0.0003045)	-0.00093*** (0.0003034)
Develop	0.00279 (0.0025607)	-0.00555* (0.00298)	0.00317 (0.00306)	-0.00801** (0.0033594)
Owner	0.00016 (0.0071011)	-0.03055*** (0.0090422)	-0.00604 (0.0084623)	-0.02786*** (0.010213)
Proper	0.00466* (0.0026901)	-0.00018 (0.0028277)	0.00387 (0.003166)	-0.00058 (0.0031445)
常数项	0.06244*** (0.0236413)	0.04729* (0.025248)	0.05584** (0.0280561)	0.05796** (0.0274805)
样本量	350	350	280	280
R^2	0.463	0.372	0.433	0.376
F	32.55	22.4	22.87	18.05

注：***、**、*分别代表系数在1%、5%、10%的水平上显著，括号内为标准误差。

5.3.2 异质性回归结果分析

前面的实证表明，政府补贴对国有企业和非国有企业的研发投入均存在激励效应，两者之间为正相关关系。为了进一步分析政府补贴对不同产权企业研发投入的差异化影响，本书进行分样本回归，估计结果如表5.6所示。对于国有企业样本来说，首先经过F检验发现存在个体效应，继续进行豪斯曼检验，检验结果显示P值为0，故使用固定效应模型进行估计。同样地，对于非国有企业样本也采取固定效应模型。从回归结果可以看出，虽然政府补贴的系数在全样本组均为正且显著，但是该系数在国有企业与非国有企业之间存在差异。

国有企业 Aid 的系数大于非国有企业，说明政府补贴对国有新能源企业的研发具有更强的激励效应，这验证了假设 5 - 2。国有新能源企业之所以系数更大，原因包括以下三个方面。

表 5.6　　　　　不同产权性质下政府补贴对新能源企业研发投入的影响

项目	(1)	(2)
	国有企业	非国有企业
	FE	FE
Aid	0.00359 ***	0.00302 ***
	(0.0008902)	(0.0008414)
Lever	- 0.01571 **	- 0.03486 ***
	(0.0067154)	(0.0082468)
Admin	0.12254 ***	0.19894 ***
	(0.0219732)	(0.0228065)
Cash	0.01889 ***	- 0.00496
	(0.0060728)	(0.0055707)
Scale	- 0.00195	0.00281
	(0.0015002)	(0.0020809)
Age	0.00091 ***	0.00133 ***
	(0.0002792)	(0.0004029)
Develop	- 0.00301	- 0.00372 **
	(0.0018367)	(0.001765)
Owner	- 0.01532 *	0.02035 **
	(0.0082967)	(0.0095899)
常数项	0.04758	- 0.08444 **
	(0.0289776)	(0.0391776)
样本量	290	410
R^2	0.254	0.240
F	28.73	15.88

注：***、**、*分别代表系数在1%、5%、10%的水平上显著，括号内为标准误差。

第一，国有新能源企业与政府的政治关联性更强，在获取补贴资金上有优势，融资约束较小，一旦国家号召发展新能源产业，国有企业在接收到这一信号后，会主动增加研发投入以响应国家的能源发展战略。而非国有新能源企业承担的社会责任相对较小，而且融资约束较大，因此，政府补贴对非国有企业研发投入的激励作用小于国有企业。

第二，从委托—代理理论来看，国有新能源企业的经营者大部分为政府官员，所以他们在做公司决策时更多考虑政治升迁，而不仅仅是企业的盈利。政府决定对新能源产业实施补贴制度，意味着政府想激励新能源技术创新，这样一来，新能源研发投入可能作为国企经营者的考核目标，直接影响经营者的职业升迁。因此，国有新能源企业更有动力开展研发项目以获得政治回报。

第三，新能源研发项目周期长、风险较大、预期收益具有不确定性，非国有企业更关注项目的短期收益，不愿意进行新能源技术研发，因此，研发投入较少。此外，政府对非国有新能源企业难以监督，缺乏监督的话，非国企就可能产生道德风险行为，例如，非国企可能滥用补贴资金，使得政府补贴未能充分发挥作用，削弱了政府补贴的激励效应。非国有企业的研发投资一般以市场为导向，受政府政策的影响较小，非国企的投资决策主要基于新能源市场的供给和需求，因此，政府补贴的激励效应较弱。

从控制变量的系数来看，无论是国有新能源企业还是非国有新能源企业，财务杠杆的系数均为负且显著，表明新能源企业资产负债率越高，研发投入越少。从委托—代理角度分析，委托人（新能源企业债权人）与代理人（新能源企业经营者）之间存在信息不对称，经营者可能作出有损债权人的投资决策。当新能源企业处于高负债时，经营者预期研发收益将归于债权人，于是缩减研发投入。管理水平和公司年龄的系数均为正并且显著，说明随着管理水平的提高，新能源公司年龄的增长，均对研发投入产生正向影响。从公司年龄的系数来看，不管是国有还是非国有新能源企业，公司年龄的系数都在1%的水平上显著为正。可能由于年龄大的企业在市场竞争中积累了丰富的资源、人脉，更能从研发项目中获利（郭梅清和张成培，2017）。

5.3.3　稳健性检验

本节将新能源企业研发投入的滞后一期作为解释变量纳入回归模型，运用系统 GMM 的方法进行估计，讨论政府补贴对新能源企业研发的动态影响，估计结果如表 5.7 所示。系统 GMM 方法可以提升估计的效率，而且能够估计不随时间变化的变量 Proper 的系数。模型（1）为加上研发投入滞后一期（L. Res）的估计结果，模型（2）在模型（1）的基础上加入政府补贴和产权性质的交互项 Aid×Proper 进行估计。由表 5.7 可知，AR（2）检验的 P 值分别为 0.449 和 0.448，表明在 10% 的水平上接受序列不相关的原假设。同时，模型（1）、模型（2）中 Hansen 检验的 P 值分别为 0.320、0.282，均大于0.1，表明在 10% 的水平上接受"全部工具变量都有效"的原假设，所以本书所选的工具变量具有合理性。从变量 L. Res 来看，L. Res 的系数为正且显著，说明上一期新能源企业的研发投入会对当期研发投入产生促进作用。可能因为研发投入的增加意味着技术要素的提升，会对新能源企业后期的研发产生显著的促进作用。同时，正向影响也体现出新能源企业的研发投入具有延续性，使用动态面板回归是合理的。从解释变量来看，政府补贴的系数在 1% 的水平上显著为正，表明政府补贴对新能源企业研发具有激励作用，与之前的检验结果相一致。新能源产业具有正外部效应，政府补贴能够补偿技术溢出造成的损失，降低私人边际成本，激励新能源企业开展研发活动。所以，政府补贴对新能源企业研发具有正向影响。在加入交互项 Aid×Proper 后，交互项的系数为正且显著，表示政府补贴对国有新能源企业研发的促进作用大于非国有企业。可能因为国有新能源企业与政府的政治关联性更强，在获取补贴资金上有优势，融资约束较小，一旦国家号召发展新能源产业，国有企业在接收到这一信号后，会主动增加研发投入以获得政治利益。所以政府补贴对国有企业研发投入的激励作用更明显。这与前面的回归结果相一致，体现出较强的稳健性。

表 5.7　政府补贴对新能源企业研发投入影响的系统 GMM 估计结果

项目	(1)	(2)
	系统 GMM	系统 GMM
L. Res	0.509 *** (0.0140766)	0.51363 *** (0.0125014)
Aid	0.00186 *** (0.0002404)	0.00103 *** (0.0002835)

续表

项目	（1）	（2）
	系统 GMM	系统 GMM
Proper	−0.01718 *** （0.0008839）	−0.05958 *** （0.0081018）
Aid × Proper		0.00247 *** （0.0004675）
Lever	−0.03818 *** （0.001269）	−0.03555 *** （0.0019691）
Admin	0.02961 *** （0.0043437）	0.03383 *** （0.0047778）
Cash	−0.01896 *** （0.0040646）	−0.02077 *** （0.0037132）
Scale	0.00128 *** （0.0002215）	0.00181 *** （0.0002824）
Age	−0.00029 *** （0.0000935）	−0.00032 *** （0.0001129）
Develop	−0.00875 *** （0.0007036）	−0.00877 *** （0.0006699）
Owner	−0.01738 *** （0.0018441）	−0.01711 *** （0.0021167）
样本量	630	630
AR（1）	0.006	0.005
AR（2）	0.449	0.448
Hansen 检验	0.320	0.282

注：*** 代表系数在1%的水平上显著，括号内为标准误差。

5.4　本章小结

本章利用2011～2020年新能源 A 股上市公司的数据，通过固定效应模型、动态面板模型、分位数回归模型等估计方法，实证分析了政府补贴对新能源企业研发投入的影响。实证结果能够从定量角度衡量两者之间的关系，对新能源补贴政策的优化具有一定的启示作用。主要结论如下。

第一，政府补贴对新能源企业研发投入具有激励作用，即政府补贴会产生挤入效应。新制度经济学的国家理论认为国家是影响经济绩效的内生变量，当市场失灵时，国家可以适当介入来弥补市场缺陷。新能源具有显著的正外部效应，补贴制度能够弥补新能源技术溢出造成的损失，降低私人边际成本，从而激励新能源生产者提高研发投入，引进新技术替代原有的技术范式，完善新能源产业体系。固定效应模型和分位数回归模型的估计结果均显示，政府补贴对新能源企业研发产生显著的正影响。此外，政府补贴的系数在不同分位上的估计结果有所差异，表示政府补贴对研发投入的促进作用具有分位异质性。

第二，对样本进行分阶段分析，以探讨政府补贴对新能源企业研发影响的动态趋势。本章以2015年为时间节点进行分段估计，结果显示，2011~2015年与2016~2020年政府补贴均对新能源企业的研发投入产生激励作用，只是这种激励效应在前一时间段更强。可能由于2011~2015年新能源产业处于成长期，补贴制度可以减少研发风险，极大地推动新能源技术的推广与应用；2016~2020年，新能源产业迈入成熟期，发电成本逐渐下降，市场趋于饱和，常出现产能过剩，政府补贴对研发投入的激励作用有所减弱。此外，政府补贴对新能源企业研发产生滞后性影响。

第三，新能源企业产权性质对政府补贴和研发投入产生调节效应，即政府补贴对国有新能源企业研发的激励作用比非国有新能源企业更强。从委托—代理理论来看，国有新能源企业的经营者大部分为政府官员，所以他们更多的是考虑政治升迁。政府决定对新能源产业实施补贴政策，意味着政府想激励新能源技术创新，这样一来，新能源研发投入可能作为国企经营者的考核目标。因此，国有新能源企业更有动力开展研发项目以获得回报。

第6章

中国新能源发展的税收激励效应分析

税收激励是发达国家推动新能源发展的主要政策之一。由于创新具有显著的正外部效应,导致社会平均收益高于私人收益,新能源企业创新动机不足。税收激励可以有效减轻企业的税收负担,直接增加企业的投资收益,缓解融资约束问题,从而提升新能源企业的创新能力。研究税收激励对新能源企业创新的影响,对于改进税收激励政策有着重要的学术价值。基于此,本章首先梳理了税收激励对新能源企业创新绩效的作用机制,其次构建了基准回归模型,实证分析了税收激励对新能源企业创新总量、深层次创新以及浅层次创新的作用效果,在此基础上利用 Bootstrap 方法探讨了研发经费投入和人力资本投入的中介效应,并且进行了异质性分析,最后采用系统 GMM 方法和面板负二项回归进行了稳健性检验。

6.1 税收激励对新能源企业创新绩效的作用机制分析

6.1.1 税收激励对新能源企业创新绩效的理论分析

新能源企业创新活动具有公共产品的属性,正外部效应显著,由此使得创新项目的社会收益远大于私人收益,不利于新能源企业开展创新活动。税收激励作为政府干预经济的重要方式,能够降低研发创新的风险,提升私人收益,从而激励新能源企业增加研发投入,进一步提高创新绩效。实施税收激励政策的经济学原理在于市场失灵理论，市场失灵会阻碍私人创新投入（Busom et al.，2014）。市场失灵的主要原因是知识具有溢出性以及信息存在不对称性。知识溢出导致创新成果容易被对手模仿，投资者和研发部门之间的信息不对称导致融资约束。此外，高昂的沉没成本也不利于新能源企业进行研发活动。因此，需要政府介入经济活动，来弥补"无形之手"的缺陷，通过税收政策支持新能源企业技术创新，提升创新绩效。

新能源企业的创新活动具有高风险和较大的不确定性，投资者不能预测研发项目的潜在价值，导致新能源企业面临较大的融资约束。如果市场是无摩擦的，投资者和新能源企业对于创新项目拥有共同知识，那么就能达到一阶最优，从而实现激励相容，此时不存在创新投入不足的问题。然而在现实世界中市场是不完全的，新能源企业陷入资金不足的困境不利于新能源企业进行创新活动，其创新投入明显低于帕累托最优水平。知识作为一种公共产品，具有外溢性特征，新能源企业进行技术创新时面临的较高风险削弱了新能源企业创新的积极性。在这种情形下，需要政府介入创新活动，实施税收激励政策，缩小社会边际收益和私人边际收益的差距，激励新能源企业提高创新产出。所以税收激励能够弥补创新活动的外部性成本。本书运用收益—成本分析范式来探讨税收激励对新能源企业创新绩效的影响（见图6.1）。

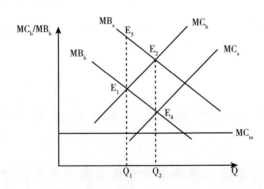

图 6.1　税收激励对新能源企业创新绩效的机制分析

如图 6.1 所示，MB_s 为新能源企业创新的社会边际收益，MB_b 为新能源企业创新的私人边际收益，MC_b 为私人边际成本，MC_s 为社会边际成本，MB_m 为 MB_s 和 MB_b 的差额。当新能源企业创新的私人边际成本 MC_b 和私人边际收

益 MB_b 相等时，均衡点为 E_1，对应的创新产出为 Q_1，因为创新活动具有正外部效应，所以社会创新产出为 Q_2，由于 Q_2 大于 Q_1，此时创新的效率损失为 $E_1E_2E_3$ 的面积。

如果政府实施税收激励政策，一方面可以提升新能源企业创新的私人边际收益，MB_b 向右上方平移到 MB_s，与 MC_b 相交于 E_2 点，均衡点由 E_1 变为 E_2，此时不存在超额损失；另一方面可以降低新能源企业创新的私人边际成本，MC_b 向右下方平移到 MC_s，与 MB_b 相交于新的均衡点 E_4 点，此时也不存在超额损失。所以税收激励能够弥补新能源企业创新的外部效应，从而鼓励新能源企业进行自主研发。

税收激励是发达国家鼓励创新行为的重要措施。阿特金森（Atkinson，2007）发现税收激励政策是有效的，不仅不会扭曲市场机制，还可以纠正市场失灵，因为企业无法获得研发项目的所有收益，导致研发投入不足。巴格哈纳和莫南（Baghana and Mohnen，2009）指出许多发达国家均通过税收优惠政策来激励企业创新，以加拿大为例，加拿大联邦政府每年花费 30 亿美元用于研发激励。此外，他们利用 1997~2003 年上市公司数据来评估魁北克地区税收优惠政策的有效性。佩特林和瑞迪（Petrin and Radicic，2021）构建动态随机效应 Probit 模型分析了税收减免政策和研发补贴的绩效。雷等（Lei et al.，2016）指出税收优惠政策是鼓励企业创新的关键，他们利用 1987~2010 年的专利数据，发现企业的专利数量和引用率与税收优惠呈正相关。盖莱克与波德伯格（Guellec and Pottelsberghe，2003）探讨了经合组织 17 个国家的税收优惠政策，发现税收激励有效促进了企业创新。类似的研究还有福尔克（Martin Falk），他得到的结论为税收优惠对创新绩效产生显著的正向影响。

新能源企业的创新活动主要包括产出与投入这两个方面，本章从产出角度衡量新能源企业的创新绩效，具体用专利申请数量来测度创新产出（黎文靖和郑曼妮，2016）。专利主要包括三大类：发明型、实用型以及外观型专利，其中，发明型属于深层次创新，可以维持新能源企业的竞争优势；实用与外观型专利属于浅层次创新，技术水平偏低。高新伟等（2020）指出税收激励可以增加企业专利申请数量，此外，相对于发明创新，税收激励对非发明创新的推动作用更为显著。丁方飞等（2021）也得到类似的结论，认为税收激励对非发明创新产生正向影响。综合以上分析，本章提出以下假设。

假设6-1：税收激励有利于增加新能源企业的创新总量。

假设6-1a：税收激励无法促进新能源企业的深层次创新。

假设6-1b：税收激励能够推动新能源企业的浅层次创新。

6.1.2 税收激励对新能源企业创新绩效的机制分析

新能源企业创新产出与研发投入高度相关，研发投入主要包括研发经费投入与人力资本投入。

从经费投入角度来看，加计扣除、投资抵税等税收激励政策可以降低新能源企业的研发成本，鼓励企业增加创新经费投入，从而提升新能源企业的创新绩效。新能源企业创新活动需要大量的资本投入，只有在创新收益大于成本的情况下，新能源企业才会进行技术变革。研发经费一般来源于内部融资或者外部融资，内部融资是新能源企业内部的资本积累，外部融资一般通过金融市场获得，考虑到技术创新具有较大的不确定性，故新能源企业面临融资约束问题。税收激励可以缓解新能源企业的资金不足问题，有利于突破融资瓶颈，引导新能源企业增加研发经费投入。经费投入是创新过程中不可或缺的因素，直接决定着创新的绩效。税收激励对于新能源企业投资的影响一般通过增值税和所得税来实现，即征即退、减半征收、加速折旧等税收激励政策能够有效降低创新活动的税后成本。税收优惠力度越大，研发项目的资金成本就越低，新能源企业就越有动力增加研发经费投入。

根据图6.2，新能源企业的总预算是有限的，需要在研发费用投入和其他费用投入之间进行抉择。假定新能源企业原先的资本预算线为 CA_b，政府实施税收激励政策提升了企业的预期边际收益，预算线移动到 CA_d。Q_b 和 Q_d 为等产量线，与 CA_b、CA_d 分别相切于 A、B 两点。为了实现最大创新产出，当预算线为 CA_b 时，Q_b 与 CA_b 相切于 A 点，均衡点 A 点对应的研发费用投入为 RE_b，其他费用投入为 I_b；当预算线变为 CA_d 时，此时对应的均衡点为 B 点，对应的研发费用投入为 RE_d，其他费用投入为 I_d。可以看出，税收激励可以提高新能源企业的边际收益率，使得研发费用投入由 RE_b 增加到 RE_d。

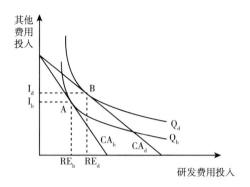

图 6.2 税收激励的资源配置效应

从人力资本投入角度来看，一方面，税收激励可以影响劳动力供给。税收激励可以提升技术人员的税后工资水平，闲暇的相对价格会上升，技术人员会增加创新供给。若对技术人员的基本工资、研发奖金等执行个人所得税优惠政策，则可以增加技术人员的税后收入，进而扩大整个社会的技术劳动力供给。另一方面，从企业视角分析，新能源企业对技术人员的投入主要涵盖两项内容：一是发放给技术人员的基本薪酬，二是对技术人员进行培训产生的相关支出。当政府采取加计扣除、所得税优惠等税收激励措施时，新能源企业的实际经营成本会下降，对技术人才的需求会显著增加，从而吸引高科技人员流入。

图 6.3 为税收激励对新能源企业人力资本投入的影响。从图 6.3 可以看出，D_a 表示新能源企业技术人员的需求曲线，S_a 表示技术人员的供给曲线，

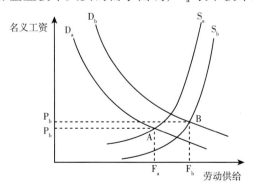

图 6.3 税收激励对新能源企业人力资本投入的影响

D_a 和 S_a 相交于 A 点，此时的技术劳动力供给为 F_a，名义工资为 P_a。如果政府采取所得税优惠等税收激励措施，一方面可以提升技术人员的税后收入，劳动力供给曲线由 S_a 向右平移到 S_b；另一方面，政府通过对技术人员的工资薪酬等项目采取加计扣除政策，降低了新能源企业的研发人力成本，使得劳动力需求曲线由 D_a 向右平移至 D_b，与新的劳动力供给曲线 S_b 相交于均衡点 B 点，此时对应的技术劳动力供给为 F_b，名义工资为 P_b。在新的均衡点上，劳动力供给由 F_a 增加到 F_b，即税收激励对新能源企业人力资本投入产生促进作用。

新能源企业进行技术创新活动，研发经费投入和人力投入是其中两个关键要素。罗默构建了涵盖三个环节的经济模型，这三个环节分别为研发环节、中间产品环节与最终产品环节。他得到的结论为：$\overline{K} = \alpha F_K(t)K(t)$，$\alpha > 0$，其中，$\overline{K}$ 表示创新产出，F_K 表示人力资本投入，K 表示研发存量，t 表示时间，α 表示常数。人力资本投入 F_K 越多，研发存量 K 越大，那么新能源企业的创新产出 $\overline{K}$ 越高。杰法逊进一步拓展了罗默模型，他将研发作为经济增长的要素考虑进去，构建了创新产出和人力投入的关系模型 $Y = K(1 - b)L$，Y 表示创新产出，K 表示技术水平，b 表示劳动力中从事研发的人员。杰法逊将生产函数设定为以下形式：

$$\overline{K} = BbLK, \quad \frac{\overline{K}}{K} = BbL$$

所以，创新生产率取决于新能源企业研发人员的数量。

综合以上分析，研发经费和人力资本投入影响新能源企业的创新绩效，而税收激励又会影响新能源企业的研发经费和人力资本投入。因此，本章构建税收激励和新能源企业创新产出的概念模型（见图 6.4）。

由图 6.4 可知，概念模型可以体现出自变量和因变量之间的两阶段关系。税收激励通过影响新能源企业的研发投入（研发经费投入和人力资本投入），进一步影响新能源企业的创新绩效（具体用创新总量、深层次创新和浅层次创新表示）。此外，本章前面一节还假定税收激励对新能源企业创新绩效产生直接影响，以便探讨税收激励是否不通过研发投入而作用于创新绩效。因此，本节认为研发投入在税收激励和创新绩效之间起到中介作用。综上所述，本节

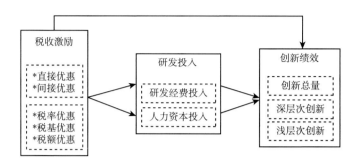

图6.4 税收政策对新能源企业创新绩效影响的概念模型

提出如下假设。

假设6-2a：税收激励通过研发经费投入的中介作用对创新总量产生影响。

假设6-2b：税收激励通过研发经费投入的中介作用对深层次创新产生影响。

假设6-2c：税收激励通过研发经费投入的中介作用对浅层次创新产生影响。

假设6-3a：税收激励通过人力资本投入的中介作用对创新总量产生影响。

假设6-3b：税收激励通过人力资本投入的中介作用对深层次创新产生影响。

假设6-3c：税收激励通过人力资本投入的中介作用对浅层次创新产生影响。

6.1.3 税收激励对新能源企业创新绩效的异质性分析

（1）区域异质性分析。区域环境是影响新能源企业创新绩效的重要因素。我国地域范围广，不同区域的资源禀赋、市场环境、法治水平等存在较大的差异，税收优惠政策也有所不同，因此，对新能源企业的激励作用呈现一定的差异。在东部地区，要素和产品市场都比较发达，税收激励可以引导新能源企业进行创新投入，充分调动企业的主观能动性，降低创新过程的风险，提升新能源企业的创新绩效。一个地区市场化水平越高，法律法规越健全，就越注重对知识产权的保护，越能激发新能源企业的创新潜力。完善的制度体系能够有效减少企业的搭便车行为，降低道德风险，抑制研发成果被剽窃，提高新能源企业的创新效率。刘放等（2016）认为制度环境影响研发投入，市场化指数越高的区域，产业化发展水平越高，资源配置效率就越高，公司就越有动力进行创新活动。他们指出在要素市场发达的地区，税收优惠对研发投入的挤入效应更强。吴松彬等（2020）认为东部地区价格和竞争机制比较完善，为研发活动提供了良好的外部环境，降低了研发的私人成本，提升了税收政策的有效性。何凌云（2020）、李真（2021）等认为区域正式制度对税收激励的效果产生调节效应。所以本节提出以下假设。

假设 6 - 4a：在东部沿海地区，税收激励对新能源企业创新总量的正效应更强。

假设 6 - 4b：在东部沿海地区，税收激励对新能源企业浅层次创新的正效应更强。

（2）产权异质性分析。新能源企业的产权性质与创新产出息息相关。国有企业、非国有企业由于所有权的归属不同，创新意愿存在一定的差异。国有新能源企业享受资源垄断的比较优势，开展研发活动的动机不足，无法发挥税收优惠政策的杠杆效应，与非国有新能源企业相比存在较大差距。许多研究认为非国有企业在研发投入和专利产出方面处于优势地位。王彦超等（2019）认为税收负担对国有与非国有企业的影响存在差异。非国企融资路径相对较窄，用于创新活动的资源约束较大，税收减免直接降低了新能源企业的创新成本，从而鼓励新能源企业增加创新投入，因此非国企对税收激励的反应更敏感。而国有企业一直依靠政府扶持，融资约束相对较小，缺少创新动力，研发成果转换较慢，税收激励的效果并不理想。刘兰剑等（2019）通过 VAR 模型探讨了税收激励对不同产权性质公司创新能力的影响，他们指出税收激励可以有效提升非国有企业的创新效率。朱永明等（2019）基于成本收益与信号理论分析了税收激励的作用机理，进一步指出非国有企业存在较少资源冗余，有利于提升创新资源的利用率，放大税收激励对创新产出的正向影响。综上所述，本节提出以下假设。

假设 6 - 5a：对非国有新能源企业而言，税收激励对创新总量的正效应较之国有新能源企业更大。

假设 6 - 5b：对非国有新能源企业而言，税收激励对浅层次创新的正效应较之国有新能源企业更大。

6.2 研 究 设 计

6.2.1 模 型 设 定

首先，本章要论证的问题是税收激励对新能源企业创新绩效的影响，即论证假设 6 - 1、假设 6 - 1a 与假设 6 - 1b 是否成立。因此，本书构建如下模型：

$$\ln Pa_{it} = \alpha_0 + \alpha_1 Tax_{it} + \alpha_2 Scale_{it} + \alpha_3 Lever_{it} + \alpha_4 Rota_{it} + \alpha_5 Cap_{it} + \alpha_6 Fix_{it}$$
$$+ \alpha_7 Toq_{it} + \alpha_8 Owner_{it} + \alpha_9 Hold_{it} + \varepsilon_{it} \tag{6.1}$$

$$\ln Pe_{it} = \beta_0 + \beta_1 Tax_{it} + \beta_2 Scale_{it} + \beta_3 Lever_{it} + \beta_4 Rota_{it} + \beta_5 Cap_{it} + \beta_6 Fix_{it}$$
$$+ \beta_7 Toq_{it} + \beta_8 Owner_{it} + \beta_9 Hold_{it} + \varepsilon_{it} \tag{6.2}$$

$$\ln Pu_{it} = \gamma_0 + \gamma_1 Tax_{it} + \gamma_2 Scale_{it} + \gamma_3 Lever_{it} + \gamma_4 Rota_{it} + \gamma_5 Cap_{it} + \gamma_6 Fix_{it}$$
$$+ \gamma_7 Toq_{it} + \gamma_8 Owner_{it} + \gamma_9 Hold_{it} + \varepsilon_{it} \tag{6.3}$$

模型（6.1）中 lnPa 表示创新总量，α_0 表示截距项，α_1，α_2，α_3，…，α_9 表示各个变量的估计参数，Tax 表示税收优惠力度，Scale 表示新能源公司规模，Lever 表示财务杠杆，Rota 表示总资产净利润率，Cap 表示新能源公司成长能力，Fix 表示资本密集度，Toq 表示托宾 Q 值，Owner 表示前十大股东持股比例，Hold 表示现金持有水平，ε_{it} 表示残差项，i 表示新能源企业个体，t 表示年份。模型（6.2）中 lnPe 表示新能源企业深层次创新水平，β_0 表示截距项，β_1，β_2，β_3，…，β_9 表示各个变量的系数，模型（6.3）中 lnPe 表示新能源企业浅层次创新水平，γ_0 表示截距项，γ_1，γ_2，γ_3，…，γ_9 表示各个变量的系数。

其次，本章试图探讨研发经费投入和人力资本投入的中介效应，构建如下中介效应模型。

$$Res_{it} = a_0 + a_1 Tax_{it} + a_2 Scale_{it} + a_3 Lever_{it} + a_4 Rota_{it} + a_5 Cap_{it} + a_6 Fix_{it}$$
$$+ a_7 Toq_{it} + a_8 Owner_{it} + aHold_{it} + \varepsilon_{it} \tag{6.4}$$

$$lnStaf_{it} = b_0 + b_1 Tax_{it} + b_2 Scale_{it} + b_3 Lever_{it} + b_4 Rota_{it} + b_5 Cap_{it} + b_6 Fix_{it}$$
$$+ b_7 Toq_{it} + b_8 Owner_{it} + b_9 Hold_{it} + \varepsilon_{it} \tag{6.5}$$

$$lnPa_{it} = c_0 + c_1 Tax_{it} + c_2 Res_{it} + c_3 Scale_{it} + c_4 Lever_{it} + c_5 Rota_{it} + c_6 Cap_{it}$$
$$+ c_7 Fix_{it} + c_8 Toq_{it} + c_9 Owner_{it} + c_{10} Hold_{it} + \varepsilon_{it} \tag{6.6}$$

$$lnPe_{it} = d_0 + d_1 Tax_{it} + d_2 Res_{it} + d_3 Scale_{it} + d_4 Lever_{it} + d_5 Rota_{it} + d_6 Cap_{it}$$
$$+ d_7 Fix_{it} + d_8 Toq_{it} + d_9 Owner_{it} + d_{10} Hold_{it} + \varepsilon_{it} \tag{6.7}$$

$$lnPu_{it} = e_0 + e_1 Tax_{it} + e_2 Res_{it} + e_3 Scale_{it} + e_4 Lever_{it} + e_5 Rota_{it} + e_6 Cap_{it}$$
$$+ e_7 Fix_{it} + e_8 Toq_{it} + e_9 Owner_{it} + e_{10} Hold_{it} + \varepsilon_{it} \tag{6.8}$$

$$lnPa_{it} = f_0 + f_1 Tax_{it} + f_2 lnStaf_{it} + f_3 Scale_{it} + f_4 Lever_{it} + f_5 Rota_{it} + f_6 Cap_{it}$$
$$+ f_7 Fix_{it} + f_8 Toq_{it} + f_9 Owner_{it} + f_{10} Hold_{it} + \varepsilon_{it} \tag{6.9}$$

$$lnPe_{it} = g_0 + g_1 Tax_{it} + g_2 lnStaf_{it} + g_3 Scale_{it} + g_4 Lever_{it} + g_5 Rota_{it} + g_6 Cap_{it}$$
$$+ g_7 Fix_{it} + g_8 Toq_{it} + g_9 Owner_{it} + g_{10} Hold_{it} + \varepsilon_{it} \tag{6.10}$$

$$lnPu_{it} = h_0 + h_1 Tax_{it} + h_2 lnStaf_{it} + h_3 Scale_{it} + h_4 Lever_{it} + h_5 Rota_{it} + h_6 Cap_{it}$$
$$+ h_7 Fix_{it} + h_8 Toq_{it} + h_9 Owner_{it} + h_1 0Hold_{it} + \varepsilon_{it} \tag{6.11}$$

模型（6.4）中被解释变量 Res 为研发经费投入，用于检验税收激励对新能源企业研发经费投入的影响；模型（6.5）中被解释变量 lnStaf 为人力资本投入，用于检验税收激励对新能源企业人力资本投入的影响。模型（6.6）、模型（6.7）和模型（6.8）分别在模型（6.1）、模型（6.2）和模型（6.3）的基础上加入了研发经费投入这一中介变量，模型（6.9）、模型（6.10）和模型（6.11）分别在模型（6.1）、模型（6.2）和模型（6.3）的基础上加入了人力资本投入这一中介变量。本章采用 Bootstrap 方法来验证研发经费投入和人力资本投入的中介效应。Bootstrap 分析方法放松了样本必须服从正态分布这一研究假定，检验结果更加可靠（温忠麟和叶宝娟，2014）。以研发经费投入这一中介变量为例，验证研发经费投入在税收激励和创新总量间的中介效应。对模型（6.1）、模型（6.4）和模型（6.6）进行回归，如果 α_1 显著，说明税收激励对创新总量具有显著的正向效应；进一步检验 a_1 和 c_2 的系数，如果两者都显著，表明税收激励会通过研发经费投入影响新能源企业创新总量，

影响程度为 $a_1 \times c_2$。控制了研发经费投入的中介效应后，如果模型（6.6）中 c_1 仍然显著，则存在部分中介效应，意味着税收激励对新能源企业创新总量既有直接效应，又能够通过影响研发经费投入来间接影响创新总量；如果 c_2 不显著，则存在完全中介效应，表明税收激励仅仅会通过影响研发经费投入对新能源企业创新总量产生间接影响，税收激励对创新总量并无直接影响。同理，人力资本投入的中介效应检验以此类推。

6.2.2　变量设定

（1）因变量。因变量为创新绩效，借鉴周煊等（2012）的研究，本书用专利申请数据来衡量新能源企业的创新绩效。因为新能源企业技术创新的过程也是专利不断完善的过程，专利和创新项目紧密相关。卡尔等（Kyle et al.，2021）认为专利数量能够体现企业的创新效果，哈克巴伊（Kravtsov，2017）指出专利数据已经被广泛应用于经济学研究，专利指标可以准确地衡量创新产出。同时，专利申请能够有效测度新能源企业的创新效率，因为专利授予需要定期缴纳一定的费用，存在较大风险，而专利申请数据更加客观、规范。此外，专利授权周期漫长，授权之前可能在新能源企业内部已经推广应用，而专利申请在时效上占有优势。

当前我国法律明确指出专利主要分为三大类：发明、实用新型以及外观设计①。发明型专利重点突出新能源企业的核心科技水平，含金量最高，有效期相对较长；实用新型专利类似于日本的小发明，科技含量偏低，申请速度较快；外观设计专利是指商品外在形状的新设计，申请流程简单，专利保护期较短。后面两类专利无须进行实质性审核，创新水平偏低，申请相对容易。参考高新伟等（2020）的做法，本书用创新总量、深层次创新和浅层次创新来衡量新能源企业的创新绩效。创新总量是指新能源公司当年申请的专利总数。深层次创新属于高难度创新，参考黎文靖等（2016）的研究，用发明专利的

---

①　《专利法》对发明、实用新型和外观设计专利进行了界定。发明是指对产品、方式或者其改进所创造的新的技术方案。实用新型是指对商品的形状、构造或者其结合所提出的适用于实用的新的技术方案。外观设计是指对商品的形状、颜色、图案等所作出的富有美感且符合工业应用的新设计。

申请数来表示。浅层次创新属于低难度创新，用非发明专利（即外观设计专利加上实用新型专利）的申请数来表示。考虑到专利指标为右偏态分布，对专利申请总量（Pa）、发明专利申请数量（Pe）和实用和外观专利申请数量（Pu）这三项加 1 取自然对数。

（2）自变量。自变量为税收激励，用 Tax 表示。加计扣除、所得税减免、投资抵税等是政府为鼓励新能源企业研发而采取的税收激励政策。如果仅仅采用所得税指标来衡量税收激励强度，不够全面、系统。由前面税收政策现状可知，新能源产业税收激励包含了增值税、关税、企业所得税等多项税种。本书借鉴刘兰剑（2021）、周燕（2019）等的做法，选择用 $\dfrac{\text{收到的税费返还}}{\text{收到的税费返还 + 支付的各项税费}}$ 来衡量。

（3）中介变量。中介变量的选取上，本书借鉴李子彪（2018）、贾春香（2019）等的研究，选择新能源企业研发经费投入和人力资本投入这两项指标。其中，研发经费投入用研发投入占营业总收入的比重来衡量，记为 Res；人力资本投入用企业技术人员投入量的自然对数表示，记为 lnStaf。

（4）控制变量。新能源企业内部环境也会对创新绩效产生影响，借鉴林木西（2018）、邹彩芬（2013）等的研究，本书的控制变量主要包括：公司总资产净利润率，用净利润除以公司总资产表示，记为 Rota；新能源公司规模，用公司总资产的对数表示，记为 Scale；财务杠杆，用总负债除以总资产衡量，记为 Lever；公司成长能力，用营业总收入增长率表示，记为 Cap；公司资本密集度，用固定资产净额占总资产的比重表示，记为 Fix；股权集中度，用新能源公司前十大股东持股比重来衡量，记为 Owner；托宾 Q 值，用新能源公司市值与总资产之比来测度，记为 Toq；公司现金持有水平，用期末现金及现金等价物余额除以总资产表示，记为 Hold；公司产权性质，用虚拟变量标识，记为 Proper，如果新能源上市公司为国有企业，则用 1 表示，否则用 0 表示；公司地理区域，记为 Pos，如果公司注册地处于东部沿海地区，则赋值为 1，否则赋值为 0[①]。本书的变量定义如表 6.1 所示。

---

① 东部沿海地区主要包括北京市、天津市、辽宁省、山东省、上海市、江苏省、浙江省、广东省、福建省。

表 6.1　　　　　　　　　　　　　　　主要变量定义

变量类型	名称	符号	定义
因变量	创新总量	lnPa	ln（公司专利申请总数 +1）
	深层次创新	lnPe	ln（公司发明专利申请数 +1）
	浅层次创新	lnPu	ln（公司实用和外观专利申请数 +1）
自变量	税收激励	Tax	收到的税费返还/（收到的税费返还 + 支付的各项税费）
中介变量	研发经费投入	Res	研发投入/营业总收入
	人力资本投入	lnStaf	ln（技术人员数量）
控制变量	总资产净利润率	Rota	净利润/总资产
	财务杠杆	Lever	总负债/总资产
	成长能力	Cap	营业总收入增长率
	公司规模	Scale	ln（总资产）
	资本密集度	Fix	固定资产净额/资产总额
	托宾 Q 值	Toq	公司市值/总资产
	股权集中度	Owner	前十大股东持股比例
	现金持有水平	Hold	期末现金及现金等价物余额/总资产
	产权性质	Proper	1：国有企业；0：非国有企业
	地理区域	Pos	1：东部沿海地区；0：非东部沿海地区

6.2.3　数据来源与特征

本书选择的样本为新能源上市公司数据，剔除 ST 类企业，删除专利申请数据不全的公司，删除税费返还数据缺失的公司，删除没有研发投入的公司。经过筛选，最后选取 76 家上市公司。数据来源于国泰安 CSMAR 数据库、Wind 数据库、RESSET 数据库以及上市公司年报。考虑到数据的可获得性和完备性，样本区间确定为 2011～2020 年。为了避免极端值的干扰，本书对变量依据 1% 和 99% 分位做了 Winsorize 处理。

表 6.2 汇报了各研究变量的描述性统计。创新总量（lnPa）的均值为

3.7613，标准差为1.2823；深层次创新（lnPe）的均值为2.7769，浅层次创新（lnPu）的均值为3.1611，说明新能源企业浅层次创新平均水平大于深层次创新，创新项目更多地体现在小发明上，缺乏根本性的技术变革，创新能力有待提升。税收激励（Tax）的均值为0.2073，标准差为0.199。研发经费投入（Res）的均值为0.034，标准差为0.0258，表明新能源企业整体研发投入水平不高。人力资本投入（lnStaf）的均值为6.1158，标准差为1.0109。

表6.2　　　　　　　　　　　　　变量的描述性统计

变量	样本量	均值	标准差	最小值	最大值
lnPa	754	3.7613	1.2823	1.0986	6.4661
lnPe	754	2.7769	1.3423	0.0000	5.7961
lnPu	757	3.1611	1.3979	0.0000	5.9636
Tax	760	0.2073	0.1990	0.0018	0.8280
Res	760	0.0340	0.0258	0.0003	0.1357
lnStaf	760	6.1158	1.0109	4.0604	8.9623
Cap	760	0.1934	0.4609	-0.5177	3.0038
Lever	760	0.5075	0.1969	0.0823	0.9450
Scale	760	22.6570	1.1995	20.4248	25.7883
Owner	760	0.5710	0.1673	0.1493	0.8966
Fix	759	0.2833	0.1927	0.0267	0.8442
Hold	759	0.1309	0.0990	0.0103	0.5036
Rota	759	0.029	0.053	-0.223	0.161
Toq	759	1.7594	0.7458	0.9554	4.6518

6.3　实证结果与分析

6.3.1　基准回归结果分析

为了检验税收激励对新能源企业创新绩效的影响效果，本书对模型

（6.1）、模型（6.2）和模型（6.3）进行回归，回归结果如表6.3所示。

表6.3 税收激励与新能源企业创新绩效

项目	（1）	（2）	（3）
	lnPa	lnPe	lnPu
Tax	0.8071 ***	0.3255	0.7688 ***
	(0.2271)	(0.2398)	(0.2606)
Scale	0.6067 ***	0.6732 ***	0.5581 ***
	(0.0467)	(0.0493)	(0.0542)
Lever	1.2998 ***	1.1477 ***	1.4613 ***
	(0.2873)	(0.3034)	(0.3333)
Cap	− 0.0575	0.0858	− 0.1616
	(0.1001)	(0.1057)	(0.1159)
Owner	− 0.6510 **	− 0.9574 ***	− 0.3953
	(0.2705)	(0.2857)	(0.3137)
Rota	2.2147 **	0.2632	3.1876 ***
	(0.9521)	(1.0054)	(1.1035)
Fix	− 1.8474 ***	− 1.7495 ***	− 2.0138 ***
	(0.2580)	(0.2724)	(0.2988)
Toq	0.2475 ***	0.3691 ***	0.1499 **
	(0.0656)	(0.0693)	(0.0759)
Hold	2.7785 ***	3.3007 ***	1.9801 ***
	(0.5475)	(0.5781)	(0.6267)
常数项	− 10.7662 ***	− 13.1883 ***	− 10.1709 ***
	(1.0553)	(1.1143)	(1.2241)
样本量	752	752	756
R^2	0.4274	0.4174	0.3505

注：*** 、** 分别代表系数在1%、5%的水平上显著，括号内为标准误差。

从表6.3中第（1）列结果可以看出，基于税收激励对企业创新总量影响的回归分析中，Tax的回归系数为0.8071，且在1%的水平上显著，表明税收激励强度越大，新能源企业专利申请总数越多，创新总量也就越大。这一结果支持了假设6-1。表6.3中第（2）列Tax的回归系数为0.3255，并不显著，说明税收激励对新能源企业的深层次创新并无显著影响，这支持了假设6-1a。表6.3中第（3）列Tax的回归系数为0.7688，且在1%的水平上显著，表示税收激励对新能源企业浅层次创新具有正向效应。假设6-1b得到支持。这表明税收激励的结果是新能源企业浅层次创新迅速提升，深层次创新并没有受到显著影响。税收政策激励的是浅层次创新，而不是深层次创新，新能源企业的创新更多的是追求"数量"，而忽视了"质量"，企业创新能力有待提升。

6.3.2 作用机制回归结果分析

从基准回归结果可以看出，税收激励对新能源企业创新绩效具有促进效应。根据前面6.1.2节中的机制分析，税收激励通过影响研发经费投入和人力资本投入，进而影响创新绩效。为了验证机制分析的结论，本节基于Bootstrap和Sobel方法进行实证检验，Bootstrap抽样次数为1000，检验结果如表6.4所示。由表6.4可知，当中介变量为Res、因变量为lnPa时，间接效应的置信区间是（0.1191，0.4116），直接效应的置信区间是（0.0613，1.0222），都不包含0，表明中介效应显著。这时，间接效应的系数为0.2654，且在1%水平上显著；直接效应的系数是0.5417，而且P值小于0.05，表明税收激励可以通过影响研发经费投入进而影响创新总量，研发经费投入起到部分中介作用。假设6-2a得到支持。当中介变量为Res、因变量为lnPe时，间接效应的置信区间是（0.1153，0.4209），不包括0，说明中介效应显著。同时，直接效应的置信区间是（-0.4654，0.5802），包括了0，表示研发经费投入起到完全中介效应，即税收激励对新能源企业深层次创新没有直接影响，但是可以通过研发经费投入间接推动其深层次创新。假设6-2b得到支持。当中介变量为Res、因变量为lnPu时，间接效应的置信区间是（0.1272，0.4784），不包括0，表明中介效应显著。这时直接效应的置信区间不包括0，研发经费投入起到部分中介效应。假设6-2c得到支持。

表6.4 中介效应检验结果

中介变量	因变量	Bootstrap 检验（95% 置信区间）						Sobel
		间接效应	下限	上限	直接效应	下限	上限	
Res	lnPa	0.2654 *** （0.0746）	0.1191	0.4116	0.5417 ** （0.2451）	0.0613	1.0222	0.2654 *** （0.0719）
	lnPe	0.2681 *** （0.0780）	0.1153	0.4209	0.0574 （0.2667）	-0.4654	0.5802	0.2681 *** （0.0743）
	lnPu	0.3028 *** （0.0896）	0.1272	0.4784	0.4660 ** （0.3105）	0.1424	1.0745	0.3028 *** （0.0827）
lnStaf	lnPa	-0.1002 （0.0867）	-0.2701	0.0697	0.9073 *** （0.2349）	0.4468	1.3678	-0.1002 （0.0913）
	lnPe	-0.1098 （0.0991）	-0.3041	0.0845	0.4353 * （0.2309）	-0.0173	0.8879	-0.1098 （0.1000）
	lnPu	-0.1061 （0.0784）	-0.2599	0.0476	0.8750 *** （0.2869）	0.3126	1.4374	-0.1061 （0.0802）

注：***、**、* 分别代表系数在1%、5%、10%的水平上显著，括号内为标准误差。

接下来考察人力资本投入（lnStaf）的中介效应。当中介变量是 lnStaf、因变量为 lnPa 时，间接效应的置信区间为（-0.2701，0.0697），包含0，表明不存在中介效应。假设 6-3a 未得到支持。当中介变量是 lnStaf、因变量为 lnPe 时，间接效应的置信区间为（-0.3041，0.0845），包括0，意味着中介效应不显著。假设 6-3b 未得到支持。同理，当中介变量是 lnStaf、因变量是 lnPu 时，间接效应的置信区间为（-0.2599，0.0476），包括0，表示中介效应不显著。假设 6-3c 未得到支持。可以看出，"税收激励—人力资本投入—新能源企业创新绩效"这一机制无法发挥作用。可能的解释在于，税收政策对新能源公司人员投入的激励不够，未能引导公司增加研发人才投入。

此外，本节还利用 Sobel 方法进行稳健性检验，检验结果如表6.4所示。由表6.4可知，当中介变量为 Res、因变量为 lnPa 时，Sobel 的系数估计值为0.2654，且 P 值小于0.01，表明存在中介效应。假设 6-2a 得到支持。当中介变量为 Res、因变量为 lnPe 时，Sobel 的系数估计值为0.2681，且 P 值小于0.01，表明中介效应显著。假设 6-2b 得到支持。当中介变量为 Res、因变量为 lnPu 时，Sobel 的系数估计值为 0.3028，且 P 值小于 0.01，说明中介效应显著。假设 6 - 2c 得到支持。当中介变量变成 lnStaf 时，无论因变量是 lnPa、lnPe，还是 lnPu、Sobel 的系数均不显著，假设 6 - 3a、假设 6 - 3b 和假设 6 - 3c 未得到证实。这一结果和前面 Bootstrap 结论相一致，体现出较强的稳健性。

6.3.3　异质性回归结果分析

为了深入考察税收激励对新能源企业创新绩效的影响，根据公司地理区域、产权性质进行异质性分析。

（1）区域异质性分析。新能源上市公司按照注册区域不同，分为东部沿海地区和非东部沿海地区①。回归结果如表 6.5 和表 6.6 所示。由表 6.5 可知，我国各区域税收激励均可以对企业创新总量产生促进效应。就区域比较而言，税收激励对于东部沿海地区的促进效应更强。税收激励强度每增加 1%，东部沿海企业创新总量将会增加 1.2450%，而非东部沿海企业创新总量将会增加 0.9208%。可能由于东部沿海资源禀赋占有优势，市场化程度较高，制度环境相对完善，有利于新能源企业开展创新活动。因此，东部沿海的税收激励效果更好。假设 6 - 4a 得到证实。

表 6.5　　　　　基于区域特征的异质性分析（因变量为 lnPa）

项目	东部沿海地区	非东部沿海地区
	（1）	（2）
Tax	1.2450 ***	0.9208 ***
	(0.4330)	(0.2850)
Scale	0.7299 ***	0.4207 ***
	(0.0613)	(0.0720)
Lever	1.0966 ***	1.8556 ***
	(0.3933)	(0.4369)

---

① 东部沿海地区主要包括北京市、天津市、辽宁省、山东省、上海市、江苏省、浙江省、广东省、福建省。

续表

项目	东部沿海地区	非东部沿海地区
	（1）	（2）
Cap	− 0. 2013 *	0. 0591
	（0. 1186）	（0. 1742）
Owner	− 1. 6870 ***	0. 6756
	（0. 3530）	（0. 4249）
Rota	3. 3142 **	1. 1321
	（1. 4037）	（1. 1872）
Fix	− 1. 3768 ***	− 2. 7925 ***
	（0. 3462）	（0. 4027）
Toq	0. 3473 ***	0. 0748
	（0. 0869）	（0. 0981）
Hold	3. 0802 ***	2. 9214 ***
	（0. 7572）	（0. 8045）
常数项	− 13. 2276 ***	− 7. 0840 ***
	（1. 3912）	（1. 6406）
样本量	494	260
R^2	0. 4143	0. 5401

注：*** 、** 、* 分别代表系数在1% 、5% 、10% 的水平上显著，括号内为标准误差。

由表6.6可知，当因变量为 lnPu 时，东部沿海地区税收激励的系数为1.1862，且在1%的水平上显著，说明东部沿海地区税收激励对企业浅层次创新产生促进效应。而对于非东部沿海地区而言，税收激励的系数为正但不显著，可能由于非东部沿海知识产权保护机制不够完善，企业管理水平不高，税收激励未能发挥良好的作用。假设6 - 4b 得到证实。

表 6.6　　　　　基于区域特征的异质性分析（因变量为 lnPu）

项目	东部沿海地区	非东部沿海地区
	（1）	（2）
Tax	1. 1862 ***	0. 0069
	（0. 3128）	（0. 5269）

续表

项目	东部沿海地区	非东部沿海地区
	（1）	（2）
Scale	0.6615 ***	0.4118 ***
	（0.0681）	（0.0876）
Lever	1.4273 ***	1.9983 ***
	（0.4371）	（0.5316）
Cap	− 0.3991 ***	0.1559
	（0.1317）	（0.2119）
Owner	− 1.5542 ***	0.9063 *
	（0.3923）	（0.5170）
Rota	4.8121 ***	1.2404
	（1.5579）	（1.4444）
Fix	− 1.1617 ***	− 3.4214 ***
	（0.3839）	（0.4900）
Toq	0.2988 ***	− 0.0258
	（0.0964）	（0.1194）
Hold	2.5540 ***	2.1068 **
	（0.8277）	（0.9788）
常数项	− 12.4552 ***	− 7.1293 ***
	（1.5469）	（1.9960）
样本量	497	260
R^2	0.3491	0.5099

注：***、**、*分别代表系数在1%、5%、10%的水平上显著，括号内为标准误差。

（2）产权异质性分析。按照股权性质的差异，本书将样本分为国有和非国有企业两大类，结果如表6.7所示。由表6.7可知，当因变量为lnPa时，国有新能源企业Tax的系数为0.4249，在10%的水平上不显著；非国有新能源企业Tax的系数为0.8794，P值小于0.01，说明税收激励对非国有企业的创新总量具有显著的促进效应。假设6－5a得到支持。当因变量为lnPe时，国有企业Tax的系数为0.2585，非国有企业Tax的系数为0.1940，两者系数均不显著，表明无论是国有还是非国有企业，税收激励对深层次创新的影响并不显著。当因变量为lnPu时，国有企业Tax的系数是0.3773，在10%的水平上不显著；非国有企业 Tax 的系数是 0.9707，在 1% 的水平上显著，说明税收激励对非国有企业浅层次创新的正效应更强。假设 6 - 5b 得到支持。

表 6.7　　　　　　　　　　基于企业产权性质的异质性分析

项目	国有企业			非国有企业		
	（1）	（2）	（3）	（4）	（5）	（6）
	lnPa	lnPe	lnPu	lnPa	lnPe	lnPu
Tax	0.4249 (0.3753)	0.2585 (0.4060)	0.3773 (0.4254)	0.8794 *** (0.2873)	0.1940 (0.3002)	0.9707 *** (0.3338)
Scale	0.6453 *** (0.0696)	0.7373 *** (0.0754)	0.5382 *** (0.0789)	0.5970 *** (0.0771)	0.6292 *** (0.0805)	0.5704 *** (0.0909)
Lever	0.6676 * (0.3944)	0.2492 (0.4267)	1.2365 *** (0.4470)	2.2919 *** (0.4559)	2.1180 *** (0.4765)	2.5274 *** (0.5380)
Cap	0.2585 * (0.1522)	0.3560 ** (0.1646)	0.1784 (0.1725)	- 0.3934 *** (0.1299)	- 0.1908 (0.1358)	- 0.5281 *** (0.1529)
Owner	- 0.2617 (0.4737)	- 0.6758 (0.5125)	0.6440 (0.5369)	- 0.5609 (0.3637)	- 0.7921 ** (0.3800)	- 0.6489 (0.4292)
Rota	- 2.1795 (1.4954)	- 4.1386 ** (1.6179)	- 0.3645 (1.6949)	4.7688 *** (1.2621)	2.8462 ** (1.3189)	5.2219 *** (1.4878)
Fix	- 1.8441 *** (0.3402)	- 1.9483 *** (0.3680)	- 1.9295 *** (0.3855)	- 2.1408 *** (0.3937)	- 1.7445 *** (0.4114)	- 2.4548 *** (0.4635)
Toq	0.5417 *** (0.1253)	0.7277 *** (0.1356)	0.2606 * (0.1420)	0.1308 * (0.0783)	0.2218 *** (0.0818)	0.0986 (0.0923)
Hold	1.6037 (1.0520)	2.0692 *** (1.1382)	0.9937 (1.1924)	2.4194 *** (0.6769)	3.0279 *** (0.7074)	1.8771 ** (0.7861)
常数项	- 11.8356 *** (1.5689)	- 14.6257 *** (1.6974)	- 10.3809 *** (1.7782)	- 10.6387 *** (1.7497)	- 12.3935 *** (1.8285)	- 10.4208 *** (2.0647)
样本量	332	332	332	426	426	426
R^2	0.4142	0.4272	0.3456	0.5007	0.4573	0.4314

注：*** 、** 、* 分别代表系数在 1% 、5% 、10% 的水平上显著，括号内为标准误差。

6.3.4 稳健性检验

为了避免自变量和因变量之间的内生性问题，以及遗漏变量对估计结果的影响，本节采用系统 GMM 方法和面板负二项回归进行稳健性检验。

（1）系统 GMM 方法。系统 GMM 的估计结果见表6.8。由表6.8可知，模型（1）、模型（2）和模型（3）中 AR（2）P 值分别为 0.6699、0.4667 和 0.9164，表明接受序列不相关的原假设。接下来进行过度识别检验，模型（1）、模型（2）以及模型（3）中 Sargan 检验的 P 值分别为 0.1449、0.2788 和 0.0891，P 值均大于 0.05，表明在 5% 的水平上接受"全部工具变量都有效"的原假设，所以本书所选的工具变量具有合理性。模型（1）Tax 的系数为 0.7870，且在 1% 的水平上显著，说明税收激励对新能源企业创新总量具有显著的正向效应。模型（2）Tax 的系数为 0.6068，但不显著，说明税收激励无法促进新能源企业深层次创新。模型（3）Tax 的系数为 0.7689，且在 1% 的水平上显著，表明税收激励对新能源企业浅层次创新具有正向效应。由此可见，系统 GMM 估计结果和前面基准回归模型结果基本一致，具有较强的解释力。

表6.8 基于系统 GMM 检验的估计结果

项目	（1）	（2）	（3）
	lnPa	lnPe	lnPu
Tax	0.7870 ***	0.6068	0.7689 ***
	(0.2396)	(0.3377)	(0.3026)
Scale	0.3582 ***	0.3609 ***	0.3402 ***
	(0.0687)	(0.0637)	(0.0732)
Lever	0.4903 **	0.6161 *	0.9635 **
	(0.3146)	(0.3464)	(0.4310)
Cap	-0.0124	0.1532 **	-0.0401
	(0.0862)	(0.0726)	(0.1000)
Owner	-0.2738 **	-1.5407 ***	1.1005 **
	(0.4264)	(0.3354)	(0.5581)

项目	(1)	(2)	(3)
	lnPa	lnPe	lnPu
Rota	− 0.1199 **	0.9394	− 1.3121 **
	(0.6432)	(0.8786)	(0.6693)
Fix	0.1591 **	0.4172	1.4819 **
	(0.5789)	(0.4946)	(0.7115)
Toq	0.0042	− 0.0556	0.0253
	(0.0433)	(0.0429)	(0.0462)
Hold	0.7030 *	1.5393 ***	0.8703 *
	(0.4585)	(0.5482)	(0.5091)
常数项	− 5.3344 ***	− 5.6168 ***	− 6.8457 ***
	(1.4880)	(1.3919)	(1.6964)
样本量	647	645	647
AR (1)	0.0000	0.0000	0.0000
AR (2)	0.6699	0.4667	0.9164
Sargan 检验	0.1449	0.2788	0.0891

注：***、**、*分别代表系数在1%、5%、10%的水平上显著，括号内为标准误差。

（2）面板负二项回归。考虑到因变量为计数变量，所以本书采用面板负二项回归再次进行实证检验。如表6.9所示，第（1）列 Tax 的系数为0.2409，且在5%的水平上显著，说明税收激励对新能源企业创新总量产生正向影响。第（2）列 Tax 的系数为0.1578，P 值大于0.1，并不显著，第（3）列 Tax 的系数为0.2811，且在5%的水平上显著，说明税收激励的结果是新能源企业浅层次创新显著提高，新能源企业深层次创新并没有受到显著影响。检验结果与前面结论基本一致，所以可以认为本书的结论具有较强的稳健性。

表6.9   **基于面板负二项回归的估计结果**

项目	(1)	(2)	(3)
	lnPa	lnPe	lnPu
Tax	0.2409 **	0.1578	0.2811 **
	(0.1223)	(0.1454)	(0.1330)
Scale	0.1540 ***	0.2284 ***	0.1656 ***
	(0.0241)	(0.0279)	(0.0262)

续表

项目	（1）	（2）	（3）
	lnPa	lnPe	lnPu
Lever	0.3494 **	0.4144 **	0.4745 ***
	（0.1539）	（0.1803）	（0.1680）
Cap	−0.0125	0.0366	−0.0485
	（0.0535）	（0.0604）	（0.0601）
Owner	−0.1811	−0.3502 **	−0.1441
	（0.1399）	（0.1610）	（0.1522）
Rota	0.6761	0.2011	1.1930 **
	（0.5224）	（0.5984）	（0.5829）
Fix	−0.4620 ***	−0.5769 ***	−0.5945 ***
	（0.1383）	（0.1621）	（0.1505）
Toq	0.0623 *	0.1290 ***	0.0403
	（0.0350）	（0.0402）	（0.0387）
Hold	0.7148 **	1.1158 ***	0.6013 *
	（0.2865）	（0.3322）	（0.3097）
常数项	−2.4002 ***	−4.4637 ***	−2.8551 ***
	（0.5499）	（0.6386）	（0.5976）

注：***、**、*分别代表系数在1%、5%、10%的水平上显著，括号内为标准误差。

6.4 本章小结

本章基于中国 2011～2020 年新能源上市公司财务数据、专利和研发投入数据，考察税收激励对新能源企业创新活动的作用效果。试图从微观角度来探究税收政策的实施效果，为评价新能源产业的税收激励政策提供经验借鉴。本章的主要结论如下：第一，税收政策激励新能源企业创新更多的是浅层次创新而不是深层次创新，受到税收激励的新能源上市公司，创新总量显著增加，但也只是浅层次创新显著增加，创新绩效只有"量"的大幅增加，没有"质"的根本提高。第二，从机制检验结果来看，虽然税收激励无法直接影响新能源企业深层次创新，但是可以通过研发经费投入间接影响企业深层次创新。也就是说，研发经费投入中介效应显著。此外，中介效应检验结果表明人力资本投入中介效应不显著，即税收激励无法通过人力资本投入进而影响新能源企业创新绩效。第三，对新能源企业进行分组，按照地理区域和产权性质不同进行异质性分析。从地理区域角度看，在东部沿海地区，税收激励对新能源企业创新总量的正效应更强。从产权性质角度看，相对于国有新能源企业，税收政策对非国有新能源企业创新总量的激励效应更强。

第7章

中国新能源发展的金融支持效应分析

金融支持效率的准确测算对于新能源产业的发展至关重要。本章利用 2011～2020 年新能源上市公司数据构建 DEA 模型和面板 Logit 模型，实证研究了新能源产业的金融支持效率及其影响因素。本章首先利用 DEA 模型核算了金融投入对于新能源上市公司的支持效率，同时比较了风能产业、太阳能光伏产业、生物质能产业金融支持效率的差异。随后将 DEA 测算结果作为面板 Logit 模型的因变量，进一步建立面板二值选择模型进行估计，以讨论金融支持效率的影响因素，为金融支持制度的优化奠定基础。

7.1 金融支持新能源产业发展的机制分析

新能源产业的健康发展离不开政府补贴，更离不开金融支持。金融市场发展和新能源产业升级之间存在相互依赖的关系，金融市场担负着改善能源结构、支持新能源发展的责任，同时，新能源市场份额的扩大也会引起投资量的持续增加，意味着金融支持对新能源产业的可持续发展十分重要。近些年来，新能源产业的跨越式发展得益于政府的大力支持。新能源补贴总额的不断增加，加剧了财政赤字，已有国家开始减少新能源补贴，例如，德国逐步取消对太阳能、风能等新能源的财政补贴。在这种情况下，金融支持尤为重要，它能够有效解决新能源企业的资金不足问题。构建以资本市场为主体的金融支持机制，辅之以适当的财政补贴政策，才是新能源产业发展的持久之路。

关于金融支持与新能源产业发展的关系，可以借鉴供给引导与需求追随假说。从供给引导来看，金融机构主动增加资金供给以支持新能源产业的发展，引导金融资源从煤、石油、天然气等传统能源产业流向新能源产业，实现资源的帕累托最优配置。供给引导理论指出金融支持新能源产业发展的作用机制主要通过以下两种路径：第一，资本市场的发展使得更多的储蓄转化为投资，增加了新能源产业的投资额，从而缓解新能源产业的融资约束问题。例如，金融机构吸收社会金融资本后贷款给新能源企业，新能源企业获得充足的资金后会选择投产风能、生物质能等项目，从而推动新能源产业的蓬勃发展。第二，金融市场通过融资、资产重组等手段引导资本流向具有发展前景的新能源企业，这不仅节省了交易费用，还实现了资本的优化配置，有利于新能源产业的长期稳定发展。

从需求追随理论来看，新能源产业有了融资需求，金融服务才应运而生。随着新能源产业迈入成熟期，融资需求越来越大，现有的财政补贴已无法满足新能源企业的资金需求，于是，资本市场成为新能源企业重要的融资渠道。需求追随理论认为在新能源产业发展初期，外部融资的可能性比较小，新能源企业对金融服务的需求相对较少。随着新能源产业逐渐发展成熟，其对金融服务的需求提高，倒逼金融机构进行金融工具创新，例如，引入新能源信托等金融产品、发展风险投资等，这一阶段需求追随效应开始体现。

本书从直接金融和间接金融两个方面来分析金融支持的作用机制（见图7.1）。直接金融和间接金融是新能源企业的主要融资模式。直接金融主要包括新能源股票市场和债券市场，间接金融主要是指银行贷款，包括对新能源企业的政策性贷款与商业贷款。根据图7.1，首先，从金融供给和需求角度来看，直接金融通过一级与二级市场影响金融供给，间接金融通过新能源生产与消费贷款影响金融需求。其次，金融供给和需求的变动引起新能源资本流量的变动，随之对金融要素的配置产生作用。最后，金融要素的分配通过激励约束机制、风险分散机制和资本形成机制来促进新能源产业的持续健康发展。

7.1.1　金融支持新能源产业发展的资本形成机制

资本形成意味着新能源企业试图通过不同的融资策略来筹措新能源项目所

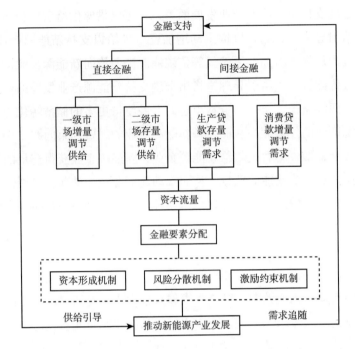

图 7.1 金融支持新能源产业发展的机理分析

需要的资金。资本形成机制的核心是提高新能源产业的资本存量，以降低技术风险和潜在的市场风险。新能源产业的资本形成主要包括两个阶段：第一阶段为储蓄积聚阶段，第二阶段为储蓄转化为投资阶段。在第一阶段，政府、企业等经济行为人不断积聚财富收入，商业银行以其低交易成本、覆盖面广的优势迅速聚集闲散资金，为新能源产业提供金融支持；在第二阶段，利润驱动理性经济人将注意力转向新能源投资项目，驱动越来越多的储蓄转化为投资，增加了新能源产品的市场供给，为新能源规模的扩大奠定了资金基础。所以，第一阶段是资本形成的初级阶段，第二阶段才是资本形成的关键。将资本配置到评价最高的新能源企业身上，比储蓄积累显得更为重要。下面主要从间接金融和直接金融两个角度分析新能源产业的资本形成机制。

（1）间接金融支持新能源发展的资本形成机制。新能源产业的资本形成离不开间接金融支持，间接金融包括政策性金融与商业金融。间接金融是新能源产业重要的资金渠道，极大缓解了融资约束问题。从政策性金融来看，政策性金融对于新能源产业的融资发挥着举足轻重的作用。由于新能源产业发展需要长期的资本投入、不确定性较高，以盈利为导向的商业银行不愿涉及新能源领域，因此，新能源产业在发展的早期资金缺口较大。这时必须发挥政策性金融的引领作用，为新能源产业提供资本支撑。以国家开发银行为例，2021年，国家开发银行计划向新能源产业发放1000亿元贷款，"十四五"期间合计投放5000亿元贷款，为新能源产业发展提供了强大的资金支持。

从商业金融来看，商业金融更关注资金安全和盈利，其之所以对新能源产业发放大量贷款，是因为考虑到金融机构的社会责任。在政策性金融的带领下，商业金融也对新能源项目进行了评估和筛选，优先选择收益率较高的国有大型新能源项目进行投资，尤其是风电和光伏项目。而一些小型新能源项目则没有得到商业金融的支持，主要是考虑到项目的投资风险。为了实现碳中和的目标，商业金融需要贯彻落实国家的新能源发展方向，发挥其信用放大的能力，逐渐加大对新能源产业的信贷支持，推动新能源产业的稳步发展。

（2）直接金融支持新能源发展的资本形成机制。新能源产业的资金来源仅仅依靠银行贷款是远远不够的，以资本市场和风险资本为代表的直接金融支持是必不可少的。考虑到银行体系对新能源产业的扶持力度有限，而且对新能源产业的授信政策较为严苛，而资本市场具有无须偿还、资金量大等优势，成为新能源产业十分重要的融资途径。资本市场主要分为股票市场和债券市场，从股票市场来看，许多新能源企业选择在沪、深这两家股票交易市场上市，以满足融资需求；从债券市场来看，新能源企业在债券市场获得的资金相对较少，而且交易成本较高，由于不够完善，债券市场存在投资产品不够多样化、规模有限等问题。从投资领域来看，风能产业和太阳能光伏产业等都有风险资本的涉入。风险资本通常用私募手段筹集资金，投资未上市的中小型新能源企业，具有高风险、高收益的特征。风险投资公司在项目的创意期通过股权投资的途径进入新能源产业，为新能源产业的发展注入新的动力。在国家倡导发展新能源的大背景下，多数风险投资公司都将新能源作为重点关注的产业，投资项目数和投资金额呈现不断上升的状态，有利于新能源产业的资本形成。

对比直接金融和间接金融能够发现，金融中介对新能源产业的支持力度有限，可能出于降低信贷风险的考虑，其对新能源产业实施了严苛的担保制度，导致新能源企业较难获得商业银行的贷款。所以，直接金融需要发挥更重要的作用。直接金融支持新能源产业，必须不断完善资本市场，支持新能源企业上市融资和债券融资，同时大力发展风险投资，扩大资本来源渠道，促进新能源产业的规模化发展。

7.1.2 金融支持新能源产业发展的风险分散机制

新能源产业的资产专用性比较高，如果投资提前终止的话，所投入的资金都会成为沉没成本。一旦签约人决定投资新能源产业，就会被"套牢"在交易中，产生较高的交易费用。因此，新能源企业产生了节省交易费用的融资需求，促进了金融市场的快速发展。间接金融与直接金融可以为新能源产业提供长期资金，还可以通过跨期均衡投资与金融产品组合来分散风险，从而促使金融支持新能源产业发展成为现实。

（1）间接金融支持新能源发展的风险分散机制。间接金融以银行信贷为主，投资新能源项目以盈利为主要目标，以资金安全为首要原则。新能源产业属于新兴产业，在企业融资时需要金融中介为其提供信贷支持与信息服务。银行等金融机构通过信用评估制度、信用担保制度、存款准备金制度等降低新能源企业的信贷风险。此外，金融机构还对风电产业、太阳能光伏产业、生物质能产业等按照不同的比例进行投资，以防范流动性风险。同时，银行体系利用跨期均衡投资的方式来减少新能源产品供给和需求的不确定性，有效降低了新能源产业投资的风险。

（2）直接金融支持新能源发展的风险分散机制。直接金融以资本市场为主，资本市场能够引导参与者进行不同的金融产品组合来规避风险。市场参与者通过品种组合减少了对单个新能源项目收益的担心，从而分散了投资风险，有利于新能源产业规模的扩大。资本市场将金融工具应用到新能源产业发展的各个阶段，根据新能源产业生命周期运用不同的融资策略，研究开发新能源创新产品，有力推动新能源产业做大做强。在流动性风险方面，直接金融通过调节市场参与者的流动性需求来降低流动性风险。面对流动性冲击的参与者选择在股票市场卖出股票，以解决资金短缺问题；有大量闲置资金的参与者可以将手中的部分资本拿来投资以获得较高的收益。市场参与者越多，越能够分散风险。

7.1.3 金融支持新能源产业发展的激励约束机制

（1）间接金融支持新能源发展的激励约束机制。间接金融的激励约束机制体现为金融机构与新能源企业订立信贷契约。契约是一种约束金融机构和新能源企业交易的微观制度。契约的内容包括贷款金额、契约期限与安全措施等相关条款。新能源企业在获得银行贷款后，须信守承诺在合约期内还本付息。这意味着新能源企业在选择项目投资时需综合考虑资源禀赋、科技水平、政策支持力度等要素，以保证顺利履行契约。除了信贷契约，法律法规、政府条例等正式制度也会对金融机构的贷款政策产生影响，如果新能源企业不能及时还款，正式制度可以约束新能源企业的行为，强制执行财产清算，这不但提高了间接金融支持新能源产业发展的积极性，而且从正式制度层面对新能源企业起到了激励约束作用。

（2）直接金融支持新能源发展的激励约束机制。从激励制度来看，资本市场一般通过股权激励制度吸引专业管理人才，为新能源企业的发展注入新的活力。对于新能源企业的经理层，激励制度一般采用年薪制、风险收入、股票期权制度等方式，以降低新能源企业的代理成本。根据机制设计的根本原则，如果新能源企业代理人（经理人）为风险中性者，则经理人承担投资项目的风险。在新能源产业发展的早期，资金来源渠道比较少，新能源企业不能通过年薪制度吸引专业的经理人，因此，股权激励制度的效用更高。在两权分离的现代新能源企业，股权激励制度可以防范机会主义行为和降低交易费用，使股东和企业经理人的目标相一致，推动新能源企业的持续健康发展。

从约束制度来看，资本市场的制度安排能够对新能源企业经理人进行有效监督。其主要体现在三个方面：第一，从长期来看，资本市场的竞争能够使新能源项目投资的预期净收益率相等。资本市场持续不断地估算着新能源企业的绩效，一家新能源企业股价的异常波动对于分散的股东来说是一个可以反映其管理水平的有效信息。第二，新能源企业大股东能够参加股东大会进行管理决策，限制经理人的代理问题。第三，新能源企业内部各种各样的契约设计也起到了约束作用，例如，董事会的审计机制、正式的控制体制、预算限制等制度安排均节省了交易费用，有效防范机会主义行为。

7.2 研 究 设 定

7.2.1 DEA 模型及指标设定

金融支持效率的测算方法一般使用参数估计法与非参数估计法。参数估计主要应用随机前沿模型，假定总体服从正态分布，容易引起较大的设定误差。而非参数估计主要应用 DEA 模型，一般不对模型的具体分布作任何假定，故具有较强的稳健性。考虑到新能源产业的金融支持符合多投入、多产出的特征，所以本书运用 DEA 模型测算金融支持效率是合理的。DEA 模型可以分为 CCR 与 BCC 模型，CCR 意味着规模报酬不变，BCC 意味着规模报酬可变。本章探讨的是金融支持在新能源产业发展中的绩效，所以本章拟采用投入导向的 BCC 模型。

（1）DEA 模型。DEA 模型起源于查尔斯（Charnes）等学者引入的 CCR 模型，将单产出、单投入的经典工程学模型推广到多投入和多产出系统，且不需要预设权重（Banker et al.，1984）[①]。CCR 模型的原理如下：

$$\max h_0 = \frac{\sum\limits_{r=1}^{s} u_r y_{ro}}{\sum\limits_{i=1}^{m} v_i x_{io}}$$

$$\text{s. t.} \quad \frac{\sum\limits_{r=1}^{s} u_r y_{rj}}{\sum\limits_{i=1}^{m} v_i x_{ij}} \leqslant 1 \qquad (7.1)$$

$$j = 1, 2, 3, \cdots, n$$

$$u_r, v_i > 0 \quad i = 1, 2, 3, \cdots, m; r = 1, 2, 3, \cdots, s$$

其中，目标函数 h_0 表示投入产出比，数值越大表示决策单元 DMU 效率越高；

[①] Banker R D，Charnes A，Cooper W W. Some Models for Estimating Technical and Scale Inefficiencies in Data Envelopment Analysis [J]. Management Science，1984，30（9）：1078－1092.

y_{rj} 表示第 j 个决策单元的第 r 种产出；x_{ij} 表示第 j 个决策单元的第 i 种投入；u_r 和 v_i 分别表示第 r 种产出和第 j 种投入的比重；j 表示决策单元；i 表示投入指标，投入指标数量为 m；r 表示产出指标，产出指标数量为 s。为了便于方程求解，将式（7.1）转换为如下公式：

$$\min\left[h - \epsilon\left(\sum_{i=1}^{m} s_i^+ + \sum_{r=1}^{s} s_r^-\right)\right]$$

$$\text{s. t.} \sum_{j=1}^{n} x_{ij}\lambda_j + s_i^+ = hx_{io}, i = 1,2,3,\cdots,m$$

$$\sum_{j=1}^{n} y_{rj}\lambda_j - s_r^- = y_{ro}, r = 1,2,3,\cdots,s \tag{7.2}$$

$$\lambda_j, s_i^+, s_r^- \geqslant 0, j = 1,2,3,\cdots,n$$

其中，n 表示决策单元数量，s_i^+ 与 s_r^- 为松弛变量，ϵ 表示非阿基米德无穷小量，λ 为参数。令 $\theta = h - \epsilon\left(\sum_{i=1}^{m} s_i^+ + \sum_{r=1}^{s} s_r^-\right)$，则 θ 为效率得分。若 $\theta = 1$ 且 s_i^+ 与 s_r^- 均等于 0，则表明 DEA 有效；若 $\theta = 1$，$s_i^+ \neq 0$ 或者 $s_r^- \neq 0$，则表示 DEA 弱有效；若 $0 < \theta < 1$，则表示 DEA 无效。

查尔斯等借鉴 CCR 的思想，创造性地提出了 BCC 模型。在该模型中，添加了一个假设 $\sum_{j=1}^{n} \lambda_j = 1$，模型形式如下所示：

$$\min\left[h - \epsilon\left(\sum_{i=1}^{m} s_i^+ + \sum_{r=1}^{s} s_r^-\right)\right]$$

$$\text{s. t.} \sum_{j=1}^{n} x_{ij}\lambda_j + s_i^+ = hx_{io}, i = 1,2,3,\cdots,m$$

$$\sum_{j=1}^{n} y_{rj}\lambda_j - s_r^- = y_{ro}, r = 1,2,3,\cdots,s \tag{7.3}$$

$$\sum_{j=1}^{n} \lambda_j = 1$$

$$\lambda_j, s_i^+, s_r^- \geqslant 0, j = 1,2,3,\cdots,n$$

令 $\theta = h - \epsilon\left(\sum_{i=1}^{m} s_i^+ + \sum_{r=1}^{s} s_r^-\right)$，若 $\theta = 1$，表明决策单元是 DEA 有效的；若

$0 < \theta < 1$，表明决策单元是 DEA 无效的，而且 θ 值越小，效率值越低。同时，BCC 模型将技术效率划分为纯技术效率与规模效率，对金融支持效率的刻画更为具体。因此，本章采用投入导向的 BCC 模型。

（2）评价指标的选取。在 DEA 模型指标的选择上，本书基于资产法与生产法来构建相关指标。在投入指标的设定上，本书借鉴熊正德等（2011）的研究，设定以下指标：流通股比例 Circu 代表以资本市场为主导的直接金融投入，用流通股/总股本表示；资产负债率 Lever 代表以银行信贷为主导的间接金融投入，用负债总额/资产总额表示；风险因子 Beta 表示金融支持新能源产业发展的风险，以测算宏观调控与市场因素对新能源上市公司股价波动造成的影响。在产出指标的设定上，本书借鉴任征宇（2021）等的研究，设定以下指标：净资产收益率 Roe 代表新能源上市公司的净收益与股东投资额的比值，用税后利润/净资产表示；营收增长率 Opera 反映新能源公司在获得金融支持后企业的发展能力，用（本年营业收入－上年营业收入）/上年营业收入表示；归属净利润同比增长率 Parent 反映新能源上市公司的盈利能力。

7.2.2　面板 Logit 模型及指标设定

为了进一步剖析新能源企业金融支持效率的影响因素，本章引入面板 Logit 模型进行实证分析。对于面板数据，如果被解释变量为虚拟变量，则适合选用面板 Logit 模型。若使用最小二乘法进行回归，实证结果可能是有偏和不一致的。Logit 模型通常用来测度各种因素对于金融支持效率的影响程度，从而估计投入变量和调节变量对 DEA 综合效率的影响。在变量的选择方面，本书将 BCC 模型新能源企业的综合效率 Z^* 作为被解释变量，如果综合效率有效，则赋值为 1；如果综合效率无效，则赋值为 0，从而形成面板二值选择模型。本书借鉴徐枫和周文浩（2014）等的研究，选择如下解释变量：流通股所占比例 Circu、资产负债率 Lever 与系统风险 Beta。关于控制变量的选取，借鉴马军伟（2013）的研究，本书选择新能源企业年龄 Age、第一大股东持股比例 Top，新能源企业规模 Scale 和产权性质 Proper。面板 Logit 模型所选变量及定义如表 7.1 所示。

表7.1　　　　　　　　　　　　面板 Logit 模型参数指标

变量类型	变量名称	变量定义
被解释变量	Z^*	金融支持效率：1 表示金融支持效率实现；0 表示未实现
解释变量	Circu	流通股所占比例
	Lever	资产负债率
	Beta	系统风险
控制变量	Age	新能源企业年龄
	Top	第一大股东持股比例
	Scale	新能源企业规模，企业总资产的对数
	Proper	产权性质：1 表示国有企业；0 表示非国有企业

本书构建的面板 Logit 模型基本形式如下：

$$Z^* = \beta_0 + \beta_1 Circu + \beta_2 Lever + \beta_3 Beta + \beta_4 Age + \beta_5 Top + \beta_6 Scale + \beta_7 Proper + u_i$$

(7.4)

其中，Z^* 为被解释变量，β_0 为常数项，β_1，β_2，β_3，…，β_7 为待估系数，u_i 为随机误差项。

7.2.3　数据来源与特征

本书选择新能源 A 股上市公司为样本，为了保证数据的完整性，对样本公司进行以下筛选：一是上市公司所处行业属于新能源产业及其细分行业之一；二是公司的主营业务必须为新能源产业范畴；三是剔除掉 ST 公司、停牌公司以及指标数据不齐全的新能源企业。本书最终甄选了 60 家新能源上市公司。考虑到新能源产业属于新兴产业，公司上市时间不长，2011 年之后新能源上市公司的年报才比较齐全，所以时间跨度选择 2011～2020 年。数据来源于国泰安 CSMAR 数据库、锐思 RESSET 数据库、东方财富网以及历年上市公司年报，缺失的数据采用插值法补齐。DEA 模型分析软件为 Deap 2.1，面板 Logit 模型分析软件为 Stata 14.1。

表7.2 给出了新能源产业及其细分行业投入产出指标的描述性统计。根据

表7.2，从平均流通股比例来看，风能和太阳能光伏产业分别为82.26%和86.15%，高于全样本公司平均流通股比例80.99%，生物质能产业略低，为78.74%。从资产负债率来看，全样本公司的平均资产负债率为53.56%，风能产业为60.26%，生物质能产业为54.03%，风能和生物质能产业的平均负债率高于全样本平均水平，太阳能光伏产业的负债率低于全样本平均水平。从净资产收益率来看，全样本公司的平均净资产收益率为0.51%，风能产业的平均净资产收益率为4.82%，光伏产业和生物质能产业的平均净资产收益率均为负。从营收增长率来看，全样本公司平均营收增长率为73.98%。此外，全样本公司的营收增长率标准差为15.2013，表明新能源上市公司在不同时间段发展能力存在显著差异。从归属净利润同比增长率来看，全样本公司的均值为−1.0271，生物质能产业的均值最低，风能产业的均值最高。从系统风险来看，全样本公司的平均系统风险为1.0857，其中，光伏产业最高为1.1597，生物质能产业的平均系统风险最低，为1.0173。

表7.2   变量描述性统计

变量	分组	样本量	均值	标准差	最小值	最大值
Circu	全样本	600	0.8099	0.2262	0.1002	1.0000
	风能产业	200	0.8226	0.2033	0.2265	1.0000
	太阳能光伏产业	200	0.8615	0.2018	0.1002	1.0000
	生物质能产业	200	0.7874	0.2352	0.2012	1.0000
Lever	全样本	600	0.5356	0.2169	0.0395	2.8610
	风能产业	200	0.6026	0.1662	0.0395	0.9085
	太阳能光伏产业	200	0.5137	0.2524	0.0516	2.8610
	生物质能产业	200	0.5403	0.1975	0.0912	1.2369
Roe	全样本	600	0.0051	0.7901	−20.6188	2.3862
	风能产业	200	0.0482	0.2233	−1.3923	2.3862
	太阳能光伏产业	200	−0.0231	0.4821	−4.0645	0.9927
	生物质能产业	200	−0.0571	1.4710	−20.6188	0.8361

变量	分组	样本量	均值	标准差	最小值	最大值
Opera	全样本	600	0.7398	15.2013	−0.9521	429.0361
	风能产业	200	0.2364	1.7116	−0.9132	23.9984
	太阳能光伏产业	200	0.1980	0.7256	−0.6872	7.6193
	生物质能产业	200	0.2111	1.0483	−0.9521	13.7426
Parent	全样本	600	−1.0271	8.8581	−122.4230	65.8102
	风能产业	200	−0.1829	7.7331	−42.7711	65.8102
	太阳能光伏产业	200	−1.4934	8.0825	−61.1197	6.7763
	生物质能产业	200	−1.7774	11.8407	−122.4230	10.6258
Beta	全样本	600	1.0857	0.2517	0.3856	2.2073
	风能产业	200	1.0697	0.2340	0.4317	1.7350
	太阳能光伏产业	200	1.1597	0.2797	0.3856	2.2073
	生物质能产业	200	1.0173	0.2408	0.3938	1.7840

7.2.4 数据的预处理

在构建 DEA 模型时，新能源上市公司的金融支持效率和指标数据的量纲不相关，只要求输入的数据均大于零。新能源产业金融支持的指标体系中存在负数，例如，净资产收益率可能为负数，营收增长率和归属净利润同比增长率也可能为负数，因此，需要对原始数据进行归一化处理，将数据调整到一定的正值区间。DEA 模型体现的是指标的相对大小，归一化处理对金融支持效率测算没有影响，所以本书对投入产出指标进行相关处理，公式如下：

$$Y_{ij} = 0.1 + \frac{X_{ij} - \min X_{ij}}{\max X_{ij} - \min X_{ij}} \times 0.9 \qquad (7.5)$$

其中，Y_{ij} 表示第 i 家新能源上市公司第 j 项指标归一化的值，X_{ij} 表示第 i 家新能源上市公司第 j 项指标的原始值。

7.3 实证结果与分析

7.3.1 新能源产业金融支持效率 DEA 分析

（1）新能源产业金融支持效率的总体评价。金融支持新能源产业发展的根本目标在于从资本市场融资，从而有效缓解新能源企业的资金短缺问题，优化金融资源的配置，助推新能源产业的健康成长。

表 7.3 为 2011～2020 年新能源产业金融支持效率的平均水平。综合效率等于纯技术效率×规模效率。从综合效率来看，2011～2020 年综合效率介于 [0.648，0.760]，2011～2013 年综合效率先上升后下降，2014～2016 年逐步提高，此后一年略微有所下降，2017～2020 年综合效率稳步提高，2020 年达到最高，为 0.76。这一波动趋势从图 7.2 也可以反映出来。图 7.2 显示综合效率曲线在 0.6～0.8 范围内波动，新能源产业金融支持的综合效率呈现波动上升的态势。从纯技术效率来看，表 7.3 显示 2011～2020 年纯技术效率介于 [0.684，0.814]，其中，2016 年纯技术效率最高（0.814），2017 年最低（0.684），两者之间的差值为 0.13。根据图 7.2，2011～2020 年纯技术效率曲线在 0.8 上下波动，且变动趋势和综合效率基本一致。从规模效率来看，金融支持的规模效率介于 [0.8，1]，2011～2013 年规模效率整体呈下降趋势，2013～2015 年先上升后下降，2015 年之后规模效率呈现不断上升的趋势。可能由于 2013 年欧美对我国新能源产业实施"双反"调查，新能源企业陷入融资难的困境，不少企业宣布破产，导致金融支持效率偏低。2015 年之后，国家对新能源产业的补贴制度逐渐规范化、系统化，项目投资的政策风险和市场风险显著下降，金融支持效率逐渐提高。此外，2011～2020 年纯技术效率远低于规模效率，说明新能源产业金融支持效率的提升需要重点关注纯技术效率，优化金融管理体制，高效率的制度安排是提升生产率的关键。

表 7.3　　　　　　　2011～2020 年我国新能源产业金融支持效率

时间	综合效率	纯技术效率	规模效率
2011 年	0.685	0.723	0.957
2012 年	0.741	0.769	0.968
2013 年	0.648	0.763	0.864
2014 年	0.680	0.719	0.950
2015 年	0.715	0.799	0.901
2016 年	0.750	0.814	0.927
2017 年	0.655	0.684	0.963
2018 年	0.743	0.771	0.967
2019 年	0.754	0.770	0.982
2020 年	0.760	0.767	0.991
均值	0.713	0.758	0.947

注：表中效率值的数据通过 DEAP 2.1 运算所得。

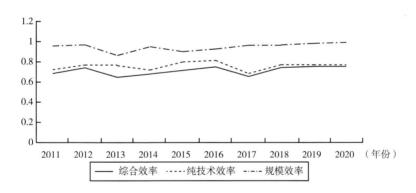

图 7.2　2011～2020 年新能源产业金融支持效率

表 7.4 和图 7.3 进一步列示了 2011～2020 年 DEA 有效的新能源企业数目。在样本企业中，DEA 有效的新能源上市公司并不多。2011 年，DEA 综合效率有效的公司只有 7 家，占比 11.67%；DEA 纯技术效率有效的公司数为 13 家，占比 21.67%；DEA 规模效率有效的企业数为 11 家，占比 18.33%。2012 年，DEA 有效的公司数达到最高；综合效率有效的公司增加到 9 家，占比 15%；纯技术效率有效的企业增加到 18 家，占比 30%；规模效率有效的企业上涨到 16 家，比 2011 年增长了 45.45%。2013 年，受到欧美"双反"政策的影响，

DEA 有效的公司数大幅下降，综合效率有效的企业仅为 3 家；规模效率有效的公司也为 3 家，下降幅度超过 60%。随着国家宏观调控的加强，DEA 有效的新能源公司数逐渐回升，到 2020 年，DEA 综合效率有效的企业为 8 家，占比 13.33%；纯技术效率有效的企业仅为 9 家，占比 15%；规模效率有效的公司略多，达到 17 家，占比 28.33%。这进一步说明金融支持效率整体偏低，还有很大的优化空间。

表 7.4   2011～2020 年金融支持效率

项目	2011 年	2012 年	2013 年	2014 年	2015 年	2016 年	2017 年	2018 年	2019 年	2020 年
DEA 综合效率有效公司数（家）	7	9	3	6	4	5	5	7	7	8
综合效率有效公司占比（%）	11.67	15	5	10	6.67	8.33	8.33	11.67	11.67	13.33
DEA 纯技术效率有效公司数（家）	13	18	16	10	17	17	9	11	12	9
纯技术效率有效公司占比（%）	21.67	30	26.67	16.67	28.33	28.33	15	18.33	20	15
DEA 规模效率有效公司数（家）	11	16	3	16	4	8	9	7	11	17
规模效率有效公司占比（%）	18.33	26.67	5	26.67	6.67	13.33	15	11.67	18.33	28.33

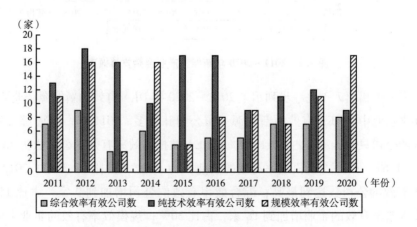

图 7.3   2011～2020 年 DEA 有效的新能源公司数统计

（2）针对综合效率的分析。综合效率是从总体上评估金融制度的资源配置效率。综合效率进一步划分为纯技术效率与规模效率，通过分析规模效率与纯技术效率，对提高综合效率具有一定的指导作用。

表 7.5、表 7.6、表 7.7 分别为 2011～2020 年风能产业、光伏产业和生物质能产业金融支持的综合效率评价。由表 7.5 可以看出，2011～2020 年风能综合效率的均值呈上升态势，从 2011 年的 0.769 上升到 2020 年的 0.891，上涨 15.86%。2020 年，有 6 家风能企业的综合效率值为 1，分别为粤电力 A、宁波东力、泰胜风能、宝新能源、中闽能源和华银电力，比 2011 年的 4 家增加了 50%。同时，2011 年风能产业仅有 7 家企业综合效率高于均值 0.769，到 2020 年有 11 家企业高于风能产业平均水平。此外，2011 年金融支持的综合效率介于［0.5，1］，2020 年综合效率区间为［0.7，1］，表明金融支持的综合效率有了显著提升。

表 7.5　　　　　　　**2011～2020 年风能产业金融支持综合效率**

企业名称	2011 年	2012 年	2013 年	2014 年	2015 年	2016 年	2017 年	2018 年	2019 年	2020 年
粤电力 A	1.000	1.000	1.000	1.000	0.947	1.000	1.000	1.000	1.000	1.000
天奇股份	0.786	0.653	0.786	0.834	0.856	0.813	0.820	0.823	0.843	0.818
宁波东力	0.676	0.715	0.894	1.000	0.960	1.000	1.000	0.844	0.961	1.000
九鼎新材	0.583	0.689	0.735	0.761	0.800	0.657	0.680	0.834	1.000	0.843
大金重工	1.000	1.000	1.000	1.000	1.000	0.935	0.890	1.000	1.000	0.956
天顺风能	1.000	1.000	0.852	0.909	0.855	0.933	0.855	0.812	0.906	0.892
泰胜风能	0.887	0.789	1.000	1.000	1.000	1.000	1.000	1.000	1.000	1.000
通裕重工	1.000	0.780	1.000	0.915	0.854	0.917	0.964	0.975	0.911	0.920
长城电工	0.743	0.664	0.797	1.000	0.764	0.691	0.688	0.788	0.886	0.840
中材科技	0.710	0.804	0.682	0.755	0.732	1.000	1.000	1.000	0.873	0.848
宝新能源	0.886	0.922	0.973	0.949	0.866	1.000	0.966	0.891	1.000	1.000
银星能源	0.617	0.600	0.677	1.000	0.902	0.857	1.000	0.813	0.870	0.887
金风科技	0.716	0.714	0.764	0.795	0.787	0.816	0.727	0.744	0.798	0.804
中闽能源	0.754	0.663	0.700	0.739	1.000	1.000	0.834	1.000	0.810	1.000
金山股份	0.735	0.639	0.637	0.740	0.826	0.680	0.737	0.695	0.704	0.701
湘电股份	0.547	0.543	0.686	0.672	0.847	0.706	0.695	0.713	0.723	0.758
京能电力	0.637	1.000	1.000	1.000	0.824	0.795	0.907	0.953	0.934	0.845

续表

企业名称	2011 年	2012 年	2013 年	2014 年	2015 年	2016 年	2017 年	2018 年	2019 年	2020 年
华银电力	0.734	0.681	0.668	0.919	1.000	0.740	1.000	1.000	1.000	1.000
东方电气	0.598	0.562	0.614	0.717	0.676	0.677	0.658	0.818	0.876	0.894
上海电气	0.767	0.686	0.726	0.751	0.697	0.703	0.807	1.000	0.814	0.819
均值	0.769	0.755	0.810	0.873	0.860	0.846	0.861	0.885	0.895	0.891

注：通过 DEAP 2.1 运算所得。

表 7.6 为 2011～2020 年光伏产业金融支持的综合效率评价。从综合效率的均值来看，2011～2020 年光伏产业的综合效率均值呈增长态势，从 2011 年的 0.795 增长到 2020 年的 0.922，增幅为 15.97%。2014 年综合效率的均值最低，可能由于光伏产品产能过剩，加上国外实施"双反"政策，所以光伏产业金融支持的综合效率有所下降。2020 年，综合效率为 1 的企业有 4 家，分别为有研新材、阳光电源、川投能源和综艺股份，与 2019 年相比有所下降，投资者对光伏产业的投资比较谨慎，多采取观望态度，所以综合效率为 1 的企业有所减少。2020 年，光伏产业有 9 家企业综合效率高于均值，2011 年仅有 7 家企业综合效率高于平均水平，说明这十年间综合效率稳步提高。

表 7.6　　　　　　　2011～2020 年光伏产业金融支持综合效率

企业名称	2011 年	2012 年	2013 年	2014 年	2015 年	2016 年	2017 年	2018 年	2019 年	2020 年
精功科技	1.000	0.862	0.780	0.653	0.941	0.930	0.840	0.848	0.871	0.905
科士达	0.810	1.000	0.779	0.645	0.863	0.888	0.873	0.918	0.941	0.957
向日葵	1.000	0.825	0.843	0.543	0.742	0.989	0.797	0.689	0.808	0.910
有研新材	0.766	0.690	0.853	1.000	1.000	1.000	1.000	1.000	1.000	1.000
南玻 A	0.700	0.715	0.649	0.691	0.931	0.804	0.790	0.829	0.903	0.917
中环股份	0.774	1.000	0.812	0.748	0.816	0.832	0.764	0.795	0.874	0.931
拓日新能	0.778	0.818	0.787	0.590	0.914	0.882	0.798	0.803	0.869	0.889
协鑫集成	0.698	0.777	1.000	1.000	1.000	0.958	1.000	1.000	1.000	0.925
亚玛顿	1.000	1.000	1.000	0.768	1.000	0.783	0.759	0.845	0.907	0.904
东方日升	0.684	0.827	0.758	0.888	0.909	0.852	1.000	0.933	1.000	0.817
阳光电源	1.000	0.864	1.000	0.756	0.865	0.888	0.875	0.938	1.000	1.000
特变电工	0.753	0.728	0.621	0.635	0.775	0.780	0.745	0.796	0.861	0.860
航天机电	0.689	0.773	0.777	0.538	0.754	0.742	0.793	0.866	0.861	0.903

续表

企业名称	2011年	2012年	2013年	2014年	2015年	2016年	2017年	2018年	2019年	2020年
通威股份	0.721	0.711	0.850	1.000	0.769	1.000	0.947	0.951	0.850	0.894
亿晶光电	0.685	0.569	0.993	0.703	0.772	0.700	0.810	0.848	0.866	0.841
保变电气	0.703	0.699	0.801	0.768	0.655	0.692	0.654	0.757	0.943	0.997
乐山电力	0.645	0.723	0.829	0.916	1.000	1.000	0.788	0.807	0.858	0.901
川投能源	1.000	1.000	1.000	0.719	1.000	1.000	1.000	1.000	1.000	1.000
综艺股份	0.861	0.676	0.689	0.860	0.879	0.867	0.932	0.951	0.964	1.000
杉杉股份	0.640	0.637	0.567	0.654	0.843	0.849	0.922	1.000	0.881	0.895
均值	0.795	0.795	0.819	0.754	0.871	0.872	0.854	0.879	0.913	0.922

注：通过 DEAP 2.1 运算所得。

表 7.7 为 2011～2020 年生物质能产业金融支持的综合效率评价。从综合效率的均值来看，介于 [0.76，0.9]，2011～2013 年综合效率逐渐下降，随后出现上升态势，接下来 2014～2017 年不断下降，后面的一年又上升到最高点，接下来的两年又持续下降。总体来说，2011～2020 年金融支持的综合效率均值呈现窄幅波动的趋势。2018 年综合效率的均值达到最高，为 0.88，可能是因为国家实施生物质能"十三五"发展战略规划，大力支持生物质发电，实现减少碳排放的目标，因此，2018 年生物质能金融支持的综合效率较高。此外，2020 年有 5 家企业金融支持的综合效率达到 1，与 2019 年的 8 家相比减少 37.5%。同时，2020 年仅有 9 家企业的综合效率高于均值，表明生物质能产业金融支持的综合效率有待提高。

表 7.7　　　　　　　**2011～2020 年生物质能产业金融支持综合效率**

企业名称	2011年	2012年	2013年	2014年	2015年	2016年	2017年	2018年	2019年	2020年
泰达股份	0.683	0.754	0.625	0.616	0.728	0.684	0.508	0.772	0.690	1.000
中粮科技	0.757	0.778	0.796	0.884	0.727	0.666	0.585	1.000	1.000	1.000
旺能环境	0.684	0.768	0.760	0.808	0.909	1.000	1.000	0.884	0.800	0.697
长青集团	0.971	0.968	1.000	0.853	1.000	0.855	0.609	0.895	1.000	0.819
华西能源	1.000	0.791	0.683	0.791	0.767	0.727	1.000	1.000	0.646	0.666
三聚环保	0.816	0.973	0.728	0.741	1.000	1.000	0.817	0.750	0.652	0.721

企业名称	2011 年	2012 年	2013 年	2014 年	2015 年	2016 年	2017 年	2018 年	2019 年	2020 年
科融环境	0.932	0.881	1.000	0.781	0.904	0.678	0.663	0.650	0.788	0.749
华光环能	0.644	0.587	0.622	0.846	0.699	0.583	0.862	1.000	1.000	0.725
天富能源	0.618	0.642	0.745	1.000	0.668	0.557	0.607	0.743	0.618	0.635
北清环能	1.000	0.891	0.699	0.709	0.757	0.523	0.677	1.000	1.000	1.000
民和股份	1.000	0.883	0.898	1.000	0.907	0.973	0.599	0.955	1.000	1.000
金禾实业	1.000	0.990	1.000	0.893	0.867	0.860	0.788	0.824	1.000	0.801
金通灵	0.824	0.830	0.784	1.000	0.769	0.709	0.907	0.773	0.721	0.731
海南椰岛	0.690	0.685	0.884	0.875	0.752	0.750	0.896	1.000	0.898	0.906
深圳能源	1.000	1.000	1.000	1.000	1.000	0.852	0.803	0.955	1.000	0.750
韶能股份	0.758	0.822	0.832	0.961	0.859	0.744	0.910	0.901	0.834	0.782
兴化股份	0.761	0.856	1.000	0.987	0.956	1.000	1.000	1.000	1.000	1.000
富春环保	1.000	1.000	0.879	0.955	0.935	0.835	0.937	0.898	0.898	0.742
迪森股份	1.000	1.000	1.000	1.000	1.000	0.665	0.769	0.737	0.815
华电能源	0.938	0.953	0.625	0.898	0.674	0.637	0.629	0.824	0.803	0.566
均值	0.854	0.853	0.828	0.880	0.844	0.782	0.773	0.880	0.854	0.805

注：通过 DEAP 2.1 运算所得。

（3）针对纯技术效率的分析。纯技术效率表示在既定要素水平下的产出能力，体现出金融系统内部的制度安排与组织能力。纯技术效率越高，表明新能源产业的投入产出效率越高，意味着上市公司的专业化程度与组织水平越高。表 7.8、表 7.9、表 7.10 分别为风能产业、光伏产业和生物质能产业的纯技术效率情况。由表 7.8 可以看出，风能产业纯技术效率的均值介于 [0.7，1]，2012 年的纯技术效率均值最低，为 0.767，2018 年平均纯技术效率最高，达到 0.939。2011~2014 年纯技术效率的均值呈现先下降再上升的态势，2014 年之后在 0.9 上下波动，整体表现较为平稳。2020 年纯技术效率为 1 的风能企业有 7 家，与 2019 年的 8 家相比减少了 12.5%。此外，2020 年只有 9 家企业的纯技术效率大于平均值，比 2019 年的 11 家减少了 18.18%，表明风能企业需要进一步提升纯技术效率，改善经营管理水平。

表 7.8　　　　　　　　2011～2020 年风能产业纯技术效率

企业名称	2011 年	2012 年	2013 年	2014 年	2015 年	2016 年	2017 年	2018 年	2019 年	2020 年
粤电力 A	1.000	1.000	1.000	1.000	1.000	1.000	1.000	1.000	1.000	1.000
天奇股份	0.871	0.653	0.789	0.834	0.879	0.824	0.820	1.000	0.844	0.821
宁波东力	0.677	0.718	0.980	1.000	0.962	1.000	1.000	0.847	0.961	1.000
九鼎新材	0.584	0.689	0.739	1.000	0.803	0.710	0.682	1.000	1.000	0.905
大金重工	1.000	1.000	1.000	1.000	1.000	1.000	0.890	1.000	1.000	1.000
天顺风能	1.000	1.000	0.929	1.000	1.000	1.000	0.994	0.990	1.000	0.893
泰胜风能	0.915	0.791	1.000	1.000	1.000	1.000	1.000	1.000	1.000	1.000
通裕重工	1.000	0.781	1.000	0.931	0.865	0.935	0.984	1.000	0.912	0.927
长城电工	0.746	0.675	0.826	1.000	0.765	0.704	0.690	0.793	0.889	0.844
中材科技	0.710	0.805	0.683	0.841	0.825	1.000	1.000	1.000	0.961	0.848
宝新能源	0.913	0.971	1.000	1.000	0.965	1.000	0.967	1.000	1.000	1.000
银星能源	0.980	0.602	0.727	1.000	0.902	0.937	1.000	0.884	0.885	0.890
金风科技	0.717	0.715	1.000	1.000	1.000	1.000	1.000	1.000	0.819	0.816
中闽能源	0.762	0.694	0.704	0.745	1.000	1.000	0.938	1.000	0.816	1.000
金山股份	1.000	0.650	0.685	0.740	0.871	0.682	0.746	0.706	0.705	0.703
湘电股份	0.573	0.547	0.796	0.683	0.863	0.725	0.697	0.718	0.729	0.760
京能电力	0.721	1.000	1.000	1.000	1.000	0.796	0.908	1.000	1.000	0.848
华银电力	0.739	0.682	0.672	1.000	1.000	0.741	1.000	1.000	1.000	1.000
东方电气	1.000	0.655	0.640	0.718	0.677	0.677	0.666	0.847	0.876	0.895
上海电气	0.959	0.702	0.728	0.751	0.697	0.730	0.836	1.000	0.814	0.821
均值	0.843	0.767	0.845	0.912	0.904	0.873	0.891	0.939	0.910	0.899

注：通过 DEAP 2.1 运算所得。

表 7.9 为 2011～2020 年光伏产业的纯技术效率。由表 7.9 可以看出，纯技术效率的均值介于 ［0.82，0.96］，2011 年平均纯技术效率最低（0.82），2020 年平均纯技术效率最高（0.942），十年间增幅为 14.88%。2020 年，有 8 家企业的纯技术效率达到 1，比 2011 年的 6 家增加 33.33%。此外，2020 年有 9 家光伏企业的纯技术效率高于均值，与 2011 年的 8 家相比上升 12.5%，表明光伏产业的纯技术效率还有很大的改进空间。

表 7.9   **2011～2020 年光伏产业纯技术效率**

企业名称	2011 年	2012 年	2013 年	2014 年	2015 年	2016 年	2017 年	2018 年	2019 年	2020 年
精功科技	1.000	0.868	0.781	0.761	0.945	1.000	0.995	0.864	0.879	1.000
科士达	0.893	1.000	0.942	0.761	0.882	1.000	1.000	0.934	1.000	0.963
向日葵	1.000	0.831	0.846	0.545	0.750	0.990	0.798	0.696	0.809	1.000
有研新材	0.771	0.696	1.000	1.000	1.000	1.000	1.000	1.000	1.000	1.000
南玻 A	0.706	0.715	1.000	0.730	0.931	0.836	0.795	0.833	0.904	0.918
中环股份	0.777	1.000	0.867	0.849	0.816	0.898	0.887	1.000	0.875	0.934
拓日新能	0.786	1.000	0.966	0.590	1.000	1.000	0.839	0.805	0.870	0.935
协鑫集成	0.700	0.782	1.000	1.000	1.000	1.000	1.000	1.000	1.000	0.937
亚玛顿	1.000	1.000	1.000	0.768	1.000	0.846	0.762	1.000	0.913	1.000
东方日升	0.688	0.836	1.000	0.898	1.000	1.000	1.000	0.935	1.000	0.822
阳光电源	1.000	1.000	1.000	0.832	0.915	0.961	1.000	1.000	1.000	1.000
特变电工	0.763	1.000	0.653	0.648	0.775	0.781	0.748	0.825	0.862	0.863
航天机电	0.701	0.780	1.000	0.538	1.000	0.789	0.798	0.880	0.869	0.917
通威股份	0.731	1.000	1.000	1.000	0.803	1.000	1.000	1.000	1.000	0.901
亿晶光电	1.000	0.576	1.000	0.787	0.887	0.700	0.813	0.849	0.873	0.845
保变电气	0.714	0.705	0.865	1.000	0.656	1.000	1.000	0.759	0.944	1.000
乐山电力	0.653	0.731	0.838	0.940	1.000	1.000	0.790	0.854	0.858	0.903
川投能源	1.000	1.000	1.000	1.000	1.000	1.000	1.000	1.000	1.000	1.000
综艺股份	0.864	0.676	0.695	1.000	0.884	1.000	0.932	0.952	0.965	1.000
杉杉股份	0.644	1.000	0.569	0.750	0.872	0.867	1.000	1.000	0.883	0.900
均值	0.820	0.860	0.901	0.820	0.906	0.933	0.908	0.909	0.925	0.942

注：通过 DEAP 2.1 运算所得。

表 7.10 为 2011～2020 年生物质能产业的纯技术效率。由表 7.10 可以看出，生物质能产业的纯技术效率均值介于 [0.82，0.94]，2013 年纯技术效率均值最高，为 0.939，2017 年最低，为 0.824。2011～2013 年平均纯技术效率逐渐上升，2013～2017 年逐渐下降，2018 年超过 0.89，2019 年再度下滑，2020 年有所提升。总体而言，2011～2020 年生物质能产业纯技术效率均值呈现窄幅震荡的态势。此外，2020 年有 10 家企业纯技术效率高于平均水平，比2011 年的 12 家下降 16.67%。同时，2020 年纯技术效率为 1 的企业有 7 家，与 2011 年的 8 家相比减少 12.5%。可能由于 2011 年主要发达国家推行量化宽

松政策，加上政府对生物质能产业予以大力支持，所以 2011 年纯技术效率达到 1 的企业相对较多。2020 年生物质能产业的纯技术效率均值仅为 0.863，低于光伏产业（0.942），因此国家应加大对生物能源的金融支持力度，以促进农民增收、保护农村环境。

表 7.10　　　　　　2011～2020 年生物质能产业纯技术效率

企业名称	2011 年	2012 年	2013 年	2014 年	2015 年	2016 年	2017 年	2018 年	2019 年	2020 年
泰达股份	0.686	0.755	1.000	0.648	0.733	0.685	0.508	0.774	0.695	1.000
中粮科技	0.759	0.779	0.803	0.885	0.732	0.682	0.618	1.000	1.000	1.000
旺能环境	1.000	0.768	0.994	0.812	1.000	1.000	1.000	0.890	0.810	0.745
长青集团	0.972	0.971	1.000	0.967	1.000	0.928	0.628	0.898	1.000	0.920
华西能源	1.000	0.792	0.942	0.791	0.769	0.727	1.000	1.000	0.650	0.671
三聚环保	0.818	1.000	1.000	1.000	1.000	1.000	1.000	0.751	0.667	0.723
科融环境	0.933	0.962	1.000	0.950	0.904	0.680	0.665	0.657	0.796	0.945
华光环能	0.645	0.588	0.625	0.856	0.699	0.617	0.862	1.000	1.000	0.766
天富能源	0.621	0.651	0.767	1.000	0.668	0.587	0.608	0.744	0.624	0.823
北清环能	1.000	1.000	0.885	0.711	0.770	0.525	1.000	1.000	1.000	1.000
民和股份	1.000	0.888	0.900	1.000	0.915	0.996	0.610	1.000	1.000	1.000
金禾实业	1.000	1.000	1.000	0.903	0.871	1.000	1.000	1.000	1.000	1.000
金通灵	0.826	0.835	1.000	1.000	0.793	0.711	0.945	0.773	0.725	0.731
海南椰岛	0.694	1.000	1.000	0.877	0.754	0.911	0.898	1.000	0.907	0.999
深圳能源	1.000	1.000	1.000	1.000	1.000	0.853	0.804	0.955	1.000	1.000
韶能股份	0.762	0.857	0.978	1.000	0.859	0.800	0.922	0.909	0.838	0.785
兴化股份	0.775	0.857	1.000	0.993	0.960	1.000	1.000	1.000	1.000	1.000
富春环保	1.000	1.000	0.893	0.984	0.935	0.877	0.966	0.899	0.900	0.742
迪森股份	1.000	1.000	1.000	1.000	1.000	1.000	0.814	0.776	0.747	0.815
华电能源	0.940	0.953	1.000	1.000	0.680	1.000	0.635	0.827	0.803	0.591
均值	0.872	0.883	0.939	0.919	0.852	0.829	0.824	0.893	0.858	0.863

注：通过 DEAP 2.1 运算所得。

（4）针对规模效率的分析。规模效率表示在现有的管理水平下，金融支持的边界和最优边界之间的差距。表 7.11、表 7.12 和表 7.13 分别为风能产业、光伏产业和生物质能产业金融支持的规模效率情况。由表 7.11 可以看出，

2011～2020 年风能产业规模效率的均值介于［0.92，1］，2011 年规模效率的均值最低，为 0.921，2020 年均值最高，达到 0.992。可能的原因在于 2011 年风能产业处于成长期，电网建设跟不上风电场的发展步伐，造成大量风能资源的浪费，因此，规模效率的均值有待提升。2020 年随着特高压等输电网工程的实施，风能的规模效率均值达到顶峰，与 2011 年相比增长 7.71%。2020 年有 7 家企业的规模效率达到 1，比 2011 年的 5 家增加 40%。此外，2020 年风能产业有 17 家企业的规模效率高于均值，而 2011 年仅有 14 家，增幅达到 21.43%。

表 7.11　　　　　　　　2011～2020 年风能产业金融支持规模效率

企业名称	2011 年	2012 年	2013 年	2014 年	2015 年	2016 年	2017 年	2018 年	2019 年	2020 年
粤电力 A	1.000	1.000	1.000	1.000	0.947	1.000	1.000	1.000	1.000	1.000
天奇股份	0.902	1.000	0.997	1.000	0.974	0.986	0.999	0.823	0.999	0.997
宁波东力	0.999	0.996	0.913	1.000	0.999	1.000	1.000	0.997	1.000	1.000
九鼎新材	0.998	1.000	0.996	0.761	0.996	0.925	0.998	0.834	1.000	0.931
大金重工	1.000	1.000	1.000	1.000	1.000	0.935	1.000	1.000	1.000	0.956
天顺风能	1.000	1.000	0.917	0.909	0.855	0.933	0.860	0.820	0.906	1.000
泰胜风能	0.969	0.998	1.000	1.000	1.000	1.000	1.000	1.000	1.000	1.000
通裕重工	1.000	0.998	1.000	0.982	0.987	0.981	0.980	0.975	0.999	0.992
长城电工	0.995	0.984	0.965	1.000	0.998	0.982	0.998	0.994	0.997	0.995
中材科技	1.000	0.998	0.999	0.898	0.887	1.000	1.000	1.000	0.909	0.999
宝新能源	0.971	0.949	0.973	0.949	0.898	1.000	0.999	0.891	1.000	1.000
银星能源	0.629	0.997	0.931	1.000	1.000	0.915	1.000	0.920	0.984	0.997
金风科技	0.999	0.998	0.764	0.795	0.787	0.816	0.727	0.744	0.975	0.986
中闽能源	0.990	0.955	0.995	0.991	1.000	1.000	0.889	1.000	0.993	1.000
金山股份	0.735	0.983	0.930	1.000	0.948	0.997	0.989	0.985	0.999	0.998
湘电股份	0.954	0.993	0.862	0.984	0.982	0.973	0.997	0.993	0.992	0.997
京能电力	0.884	1.000	1.000	1.000	0.824	0.999	0.999	0.953	0.934	0.997
华银电力	0.993	1.000	0.994	0.919	1.000	0.999	1.000	1.000	1.000	1.000
东方电气	0.598	0.859	0.960	0.998	0.998	0.999	0.988	0.966	1.000	0.999
上海电气	0.800	0.977	0.998	0.999	0.999	0.963	0.966	1.000	1.000	0.997
均值	0.921	0.984	0.959	0.959	0.954	0.970	0.969	0.945	0.984	0.992

注：通过 DEAP 2.1 运算所得。

表7.12为2011～2020年光伏产业金融支持的规模效率情况。从表7.12可以看出，规模效率的均值介于［0.9，1］，2013年规模效率的均值最低，为0.915，2019年规模效率的均值最高，为0.987。2011～2013年光伏产业规模效率的均值逐渐下降，2013～2015年持续上升，2016年有所下降，2017～2019年逐步提升，2020年略有下降。可能由于2011～2013年光伏市场产能过剩，国外又对我国的光伏产品实施"双反"政策，不少光伏企业面临破产，规模效率均值持续下降。随后国家实施宏观调控，光伏市场情况有所好转，规模效率均值逐渐上升。2017年，国家将光伏发电作为扶贫的重要手段，激励更多企业进入光伏市场，光伏行业迎来了新的春天，因此，2017～2019年规模效率均值不断上升。表7.12显示，2020年有4家企业的规模效率达到1，与2019年的7家相比减少42.86%。此外，2020年有16家企业的规模效率高于均值，比2019年的18家下降11.11%。

表7.12　　　　　　　2011～2020年光伏产业金融支持规模效率

企业名称	2011年	2012年	2013年	2014年	2015年	2016年	2017年	2018年	2019年	2020年
精功科技	1.000	0.992	1.000	0.859	0.996	0.930	0.845	0.981	0.991	0.905
科士达	0.907	1.000	0.827	0.848	0.978	0.888	0.873	0.982	0.941	0.994
向日葵	1.000	0.992	0.996	0.996	0.990	0.999	0.999	0.990	0.998	0.910
有研新材	0.993	0.992	0.853	1.000	1.000	1.000	1.000	1.000	1.000	1.000
南玻A	0.992	1.000	0.649	0.946	1.000	0.962	0.994	0.996	1.000	0.999
中环股份	0.996	1.000	0.937	0.881	1.000	0.927	0.861	0.795	0.999	0.997
拓日新能	0.990	0.818	0.815	0.999	0.914	0.882	0.951	0.997	0.999	0.951
协鑫集成	0.997	0.993	1.000	1.000	1.000	0.958	1.000	1.000	1.000	0.987
亚玛顿	1.000	1.000	1.000	1.000	1.000	0.925	0.997	0.845	0.993	0.904
东方日升	0.994	0.989	0.758	0.988	0.909	0.852	1.000	0.998	1.000	0.994
阳光电源	1.000	0.864	1.000	0.909	0.945	0.924	0.875	0.938	1.000	1.000
特变电工	0.987	0.728	0.950	0.980	1.000	0.999	0.996	0.965	0.999	0.997
航天机电	0.983	0.992	0.777	1.000	0.754	0.940	0.994	0.984	0.991	0.984
通威股份	0.985	0.711	0.850	1.000	0.958	1.000	0.947	0.951	0.850	0.992
亿晶光电	0.685	0.989	0.993	0.894	0.871	1.000	0.995	0.999	0.993	0.995

续表

企业名称	2011 年	2012 年	2013 年	2014 年	2015 年	2016 年	2017 年	2018 年	2019 年	2020 年
保变电气	0.984	0.992	0.927	0.768	0.999	0.692	0.654	0.997	0.999	0.997
乐山电力	0.988	0.988	0.989	0.975	1.000	1.000	0.997	0.944	1.000	0.998
川投能源	1.000	1.000	1.000	0.719	1.000	1.000	1.000	1.000	1.000	1.000
综艺股份	0.996	0.999	0.992	0.860	0.995	0.867	1.000	0.999	0.999	1.000
杉杉股份	0.993	0.637	0.997	0.872	0.966	0.979	0.922	1.000	0.997	0.995
均值	0.974	0.934	0.915	0.925	0.964	0.936	0.945	0.968	0.987	0.980

注：通过 DEAP 2.1 运算所得。

表 7.13 为 2011～2020 年生物质能产业金融支持的规模效率情况。从规模效率的均值来看，均值介于［0.88，1］，2013 年规模效率的均值最低，为 0.886，2019 年均值最高，达到 0.995。最低均值和最高均值出现的年份与光伏产业保持一致。2020 年有 7 家企业的规模效率为 1，与 2019 年的 9 家相比减少 22.22%。此外，2020 年生物质能产业有 13 家企业的规模效率高于均值，占比 65%，表明生物质能产业的规模效率需要进一步改进。

表 7.13   2011～2020 年生物质能产业金融支持规模效率

企业名称	2011 年	2012 年	2013 年	2014 年	2015 年	2016 年	2017 年	2018 年	2019 年	2020 年
泰达股份	0.996	0.999	0.625	0.950	0.993	0.998	1.000	0.997	0.993	1.000
中粮科技	0.997	1.000	0.991	0.998	0.993	0.977	0.947	1.000	1.000	1.000
旺能环境	0.684	0.999	0.765	0.995	0.909	1.000	1.000	0.994	0.988	0.935
长青集团	0.999	0.997	1.000	0.882	1.000	0.922	0.970	0.997	1.000	0.890
华西能源	1.000	0.999	0.725	1.000	0.998	1.000	1.000	1.000	0.994	0.992
三聚环保	0.998	0.973	0.728	0.741	1.000	1.000	0.817	1.000	0.978	0.998
科融环境	0.999	0.915	1.000	0.822	1.000	0.997	0.996	0.990	0.990	0.792
华光环能	0.998	0.998	0.994	0.988	1.000	0.945	1.000	1.000	1.000	0.946
天富能源	0.994	0.987	0.971	1.000	1.000	0.948	0.998	0.998	0.991	0.772
北清环能	1.000	0.891	0.790	0.997	0.983	0.995	0.677	1.000	1.000	1.000
民和股份	1.000	0.993	0.997	1.000	0.991	0.976	0.983	0.955	1.000	1.000

续表

企业名称	2011年	2012年	2013年	2014年	2015年	2016年	2017年	2018年	2019年	2020年
金禾实业	1.000	0.990	1.000	0.988	0.995	0.860	0.788	0.824	1.000	0.801
金通灵	0.998	0.994	0.784	1.000	0.970	0.997	0.959	1.000	0.994	1.000
海南椰岛	0.994	0.685	0.884	0.998	0.997	0.823	0.997	1.000	0.991	0.908
深圳能源	1.000	1.000	1.000	1.000	1.000	0.999	0.998	1.000	1.000	0.750
韶能股份	0.995	0.959	0.850	0.961	1.000	0.930	0.987	0.991	0.995	0.995
兴化股份	0.982	0.999	1.000	0.994	0.997	1.000	1.000	1.000	0.995	1.000
富春环保	1.000	1.000	0.984	0.970	1.000	0.952	0.970	0.999	0.998	0.999
迪森股份	1.000	1.000	1.000	1.000	1.000	1.000	0.817	0.991	0.987	1.000
华电能源	0.998	1.000	0.625	0.898	0.992	0.637	0.990	0.997	1.000	0.958
均值	0.982	0.969	0.886	0.959	0.991	0.948	0.945	0.986	0.995	0.937

注：通过 DEAP 2.1 运算所得。

（5）针对规模报酬的分析。规模报酬可以分为规模报酬递增、递减与不变这三种。规模报酬递增表明金融市场可以进一步扩大规模；反之，规模报酬递减表示新能源产业的金融支持超出合理区间，从而造成资金的浪费；规模报酬不变则表示金融体系的投入和产出处于最优水平，不会产生冗余的情形。

表7.14为2011～2020年新能源上市公司的规模报酬评价结果。三大细分产业详细的规模报酬数据见附录。由表7.14可知，从风能产业来看，2020年规模报酬不变的企业有7家，递增的企业有8家，递减的企业有5家。这反映出规模报酬递增的企业所占比重较大，表示风能企业的金融支持力度不足，需要加大对风能企业的信贷支持，发挥信用放大的能力，弥补风电项目建设中的信贷缺位问题。从太阳能光伏产业来看，2020年规模报酬不变的企业仅为4家，递增的企业为9家，递减的企业为7家，同样体现出光伏企业金融支持的规模低于最优水平，只有20%的企业达到规模最优。从生物质能产业来看，2020年规模报酬递减的企业有8家，占比40%，表明金融体系对于生物质能企业的支持超过了最优区间，所以出现规模报酬递减的现象，应当适当调整直接金融和间接金融的支持力度，同时完善监管机制，防范企业的机会主义行为，降低投资风险。

表 7.14　　　　　　　　　　2011～2020 年新能源企业规模报酬分析

年份	能源类型	规模报酬					
		不变		递增		递减	
		公司数量（家）	比例（%）	公司数量（家）	比例（%）	公司数量（家）	比例（%）
2011	风能	6	30.00	3	15.00	11	55.00
	太阳能光伏	5	25.00	13	65.00	2	10.00
	生物质能	7	35.00	9	45.00	4	20.00
2012	风能	7	35.00	6	30.00	7	35.00
	太阳能光伏	5	25.00	9	45.00	6	30.00
	生物质能	5	25.00	6	30.00	9	45.00
2013	风能	5	25.00	6	30.00	9	45.00
	太阳能光伏	5	25.00	1	5.00	14	70.00
	生物质能	6	30.00	1	5.00	13	65.00
2014	风能	9	45.00	2	10.00	9	45.00
	太阳能光伏	5	25.00	2	10.00	13	65.00
	生物质能	6	30.00	5	25.00	9	45.00
2015	风能	6	30.00	3	15.00	11	55.00
	太阳能光伏	8	40.00	2	10.00	10	50.00
	生物质能	9	45.00	8	40.00	3	15.00
2016	风能	7	35.00	3	15.00	10	50.00
	太阳能光伏	5	25.00	1	5.00	14	70.00
	生物质能	5	25.00	3	15.00	12	60.00
2017	风能	7	35.00	6	30.00	7	35.00
	太阳能光伏	5	25.00	4	20.00	11	55.00
	生物质能	5	25.00	6	30.00	9	45.00
2018	风能	7	35.00	2	10.00	11	55.00
	太阳能光伏	4	20.00	4	20.00	12	60.00
	生物质能	9	45.00	3	15.00	8	40.00
2019	风能	9	45.00	5	25.00	6	30.00
	太阳能光伏	7	35.00	9	45.00	4	20.00
	生物质能	9	45.00	8	40.00	3	15.00
2020	风能	7	35.00	8	40.00	5	25.00
	太阳能光伏	4	20.00	9	45.00	7	35.00
	生物质能	7	35.00	5	25.00	8	40.00

7.3.2　金融支持有效性面板 Logit 模型分析

面板 Logit 模型适用于被解释变量为虚拟变量的选择问题，本章运用面板 Logit 模型分析金融支持效率的影响因素。考虑到模型中的变量比较多，为了避免多重共线性问题，本章首先进行相关度分析，结果如表 7.15 所示。由表 7.15 可以看出，7 个变量之间的相关度较低，故不必担心多重共线性。

表 7.15　　　　　　　　　　　变量之间的相关系数

变量	Circu	Beta	Lever	Proper	Top	Scale	Age
Circu	1						
Beta	0.0135	1					
Lever	0.2126	− 0.0539	1				
Proper	0.0976	− 0.0689	0.3331	1			
Top	− 0.1232	− 0.0375	− 0.0730	0.2081	1		
Scale	0.1736	− 0.0705	0.3850	0.3242	0.0984	1	
Age	0.2504	− 0.1171	0.1889	0.1325	− 0.1734	0.2348	1

通过 Stata14.1 对面板 Logit 模型进行豪斯曼检验，结果显示 P 值为 0，表示在 1% 的水平上拒绝随机效应和混合回归的原假设，故本章使用固定效应面板 Logit 模型。表 7.16 为固定效应面板 Logit 的估计结果。从全样本来看，变量 Circu、Lever 和 Beta 的系数均在 1% 水平上显著为负，表明 Circu、Lever 和 Beta 均对新能源产业金融支持效率产生负向影响。首先，直接融资行为不利于新能源产业金融支持效率的实现，可能由于新能源市场供给超过需求，导致行业内竞争加剧，不少企业面临停产甚至亏损的状况，所以直接融资行为在资本市场未能发挥正向激励效应。其次，资产负债率对新能源产业金融支持效率产生显著的负面作用。新能源产业的发展需要大量的资金支持，适当的资产负债率有利于提升新能源企业的市场价值，但是如果负债水平过高，则会大大增加新能源企业的融资风险，阻碍金融支持效率的提升。最后，系统风险对新能源产业金融支持效率具有抑制作用，资本市场不确定性引发的风险溢价使得投资机构以观望为主，对新能源项目投资持谨慎态度，不利于金融支持效率的提

升。从控制变量来看，Age、Top 和 Scale 变量未通过显著性检验，说明新能源企业年龄、第一大股东持股比例以及公司规模对新能源产业金融支持效率并未产生显著性影响。

表 7.16　　　　新能源产业金融支持效率面板 Logit 模型估计结果

变量	全样本	国有企业	非国有企业
Circu	− 4. 6679 ***	− 1. 0648 ***	− 12. 5247 ***
	(1. 2989)	(1. 7781)	(3. 9356)
Lever	− 9. 1145 ***	− 25. 9574 ***	− 9. 0878 ***
	(2. 7657)	(8. 4079)	(3. 8408)
Beta	− 4. 8290 ***	− 4. 9020 ***	− 8. 8277 ***
	(1. 1760)	(1. 7741)	(3. 1090)
Age	0. 0608	− 0. 2034	0. 8724 **
	(0. 1162)	(0. 1995)	(0. 4031)
Top	− 2. 0049	− 2. 8923	22. 7628
	(4. 6801)	(6. 2987)	(16. 3367)
Scale	0. 4533	2. 2249 ***	− 2. 5349 **
	(0. 4908)	(0. 8487)	(1. 2545)

注：*** 、 ** 分别代表系数在 1%、5% 的水平上显著，括号内为标准误差。

　　从国有企业的影响因素来看，变量 Circu、Lever 和 Beta 的系数为负且在 1% 的水平上显著，与全样本的系数方向一致。首先，直接融资行为对新能源产业金融支持效率具有显著的负影响，可能由于新能源项目在初级阶段资金需求量大，股票融资规模有限。此外，我国资本市场还不成熟，新能源企业上市比较困难，这些不利于新能源企业的发展。其次，资产负债率对金融支持效率具有显著的抑制作用，可能由于较高的负债比例会加大新能源企业的资本管理风险，同时给新能源企业带来不小的偿债压力，因此，新能源企业的负债水平越低，金融支持效率反而越高。此外，系统风险对新能源产业金融支持效率的影响为负且显著，系统风险 Beta 衡量的是新能源企业个股相对于资本市场的波动程度，系统风险越大，新能源市场不确定性越大，金融支持效率就相对越低。从控制变量来看，变量 Scale 的系数为正且在 1% 的水平上显著，表明新能源企业规模对金融支持效率具有显著的正向影响。国有新能源企业规模越大，越能够获得商业银行的贷款支持，其在筹集资金方面具有比较优势。规模较大的新能源企业还可以通过股票市场和债券市场融资，实现融资途径的多样化。因此，新能源企业规模对于金融支持效率具有显著的促进作用。

从非国有企业的影响因素来看，变量 Circu、Lever 和 Beta 的系数显著为负，与全样本以及国有企业的系数估计结果具有一致性。面板 Logit 模型估计结果表明流通股所占比例、资产负债率和系统风险均对新能源产业金融支持效率产生负向影响。变量 Age 的系数为正且在 5% 的水平上显著，表明新能源企业成立时间越长，越有利于金融支持效率的提升。企业年龄越大，所积累的资源越丰富，融资渠道也就越多，便于通过银行体系、证券市场以及风险资本等多种方式进行融资，从而优化金融资源的配置效率。因此，企业年龄对金融支持效率具有正向作用。变量 Top 的系数为正，但是未通过显著性检验，表明第一大股东持股比例对新能源产业金融支持效率具有正向影响，只是这种影响在 10% 水平上不显著。

7.4　本章小结

本章利用 2011～2020 年新能源上市公司数据，构建 DEA 模型实证分析了新能源产业及其细分行业金融支持的效率，在此基础上，进一步建立面板 Logit 模型探讨了金融支持效率的影响因素。主要结论如下：

第一，新能源产业金融支持效率 DEA 评价结果说明金融支持效率受到政策环境的影响，2013 年，受到国外 "双反" 调查，金融支持效率偏低，之后国家拓宽金融支持范围，新能源项目投资的市场风险显著降低，金融支持效率逐渐提升。从综合效率来看，新能源产业金融支持的综合效率介于 [0.6，0.8]，整体呈现波动上升的趋势，表明金融资源的配置功能不断完善；从纯技术效率来看，新能源产业金融支持的纯技术效率在 0.8 上下波动，且变动趋势和综合效率基本一致；从规模效率来看，新能源产业金融支持的规模效率介于 [0.8，1]，2011～2013 年规模效率整体呈下降趋势，2013～2015 年先上升后下降，2015 年之后规模效率呈现不断上升的趋势。此外，2011～2020 年纯技术效率远低于规模效率，说明新能源产业金融支持效率的提升需要重点关注纯技术效率，优化金融管理体制、高效率的制度安排是提升生产率的关键。

第二，从金融支持效率的影响因素来看，直接融资行为不利于新能源产业金融支持效率的实现，可能由于新能源市场产能过剩，产品供给大于需求，导致行业内竞争加剧，不少企业面临停产甚至亏损的状况，所以其在资本市场未能发挥正向激励效应。此外，新能源产业的发展需要大量的资金支持，适当的资产负债率有利于提升新能源企业的市场价值，但是如果负债水平过高，则会大大增加新能源企业的融资风险，阻碍金融支持效率的提升。同时，系统风险对新能源产业金融支持效率具有显著的抑制作用，资本市场不确定性引发的风险溢价使得投资机构以观望为主，对新能源项目投资持谨慎态度，不利于金融支持效率的提升。

第8章

结论与政策建议

8.1 研究结论

随着经济规模的扩张，人类社会发展与生态环境、自然资源的矛盾逐渐凸显，发展新能源已经刻不容缓。世界各国从低碳经济和循环经济角度调整了能源供给和消费结构，将发展新能源提升到国家战略高度。在高质量发展背景下，中国要牢牢抓住能源革命的契机，发扬"天人合一""永续利用"的传统思想，加快新能源的技术突破与自主创新，以能源革命引发第三次工业革命，带动全球经济的绿色复苏。本书基于幼稚产业理论、外部性理论等相关理论，系统分析了新能源相关政策的现状，并实证检验了政府补贴、税收激励和金融支持的绩效。本书的主要结论如下：

（1）本书梳理了相关基础理论。新能源价格补贴从幼稚产业保护理论来论述，新能源产业的外部性从改善环境视角来探讨，新能源的发展困境从交易成本理论来分析，新能源的政策激励从激励视角来研究。因此，本书相关的理论主要有幼稚产业保护理论、外部性理论、交易成本理论以及激励理论。

（2）本书系统分析了新能源财政补贴政策、税收激励政策、金融支持政策的作用机理，在此基础上进一步分析了机制效应，财政补贴能够弥补私人收益与社会收益的差距，税收政策具有收入效应与替代效应，而金融政策具有投资增量效应和资金引导效应，这些经济政策均能优化资源配置，推动新能源产业高质量发展。

（3）我国新能源政策主要存在以下问题：从财政补贴层面来看，财政补贴存在监管机制不够完善、补贴制度频繁变动、补贴环节单一等问题；从税收层面来看，目前税收政策存在激励方式单一、持续性不强、缺乏系统性等问题；从金融层面来看，金融政策存在银行信贷支持力度有限、资本市场不够发达、风险投资尚不规范等问题。

（4）财政补贴属于政府无偿性转移支出，是支持新能源产业研发和推广的重要手段。因此，需要分析政府补贴对新能源产业发展的影响。基于 2011～2020 年新能源上市公司数据，实证分析了政府补贴对新能源研发投入的影响效果及其作用机制。研究发现，政府补贴会产生挤入效应，即政府补贴对研发投入具有正向影响。首先，补贴政策能够弥补新能源技术溢出造成的损失，降低私人边际成本，从而激励新能源生产者提高研发投入，引进新技术替代原有的技术范式，完善新能源产业体系。固定效应模型和分位数回归模型的估计结果均显示政府补贴对新能源企业研发产生显著的正影响。其次，对样本进行分阶段分析，以探讨政府补贴对新能源企业研发影响的动态趋势。本书以 2015 年为时间节点进行分段估计，结果显示，2011～2015 年与 2016～2020 年政府补贴均对新能源企业的研发投入产生激励作用，只是这种激励效应在前一时间段更强。此外，新能源企业产权性质对政府补贴和研发投入产生调节效应。

（5）税收激励可以有效减轻企业的税收负担，直接增加投资收益。本书试图从微观角度来探究税收政策的实施效果，为评价新能源产业的税收激励政策提供经验借鉴。研究发现，税收政策激励新能源企业创新更多的是浅层次创新而不是深层次创新，受到税收激励的新能源上市公司，创新总量显著增加，但也只是浅层次创新显著增加，创新绩效只有"量"的大幅增加，没有"质"的根本提高。异质性分析发现，在东部沿海地区，税收激励对新能源企业创新总量的正效应更强。此外，相对于国有企业，税收政策对非国有企业创新总量的激励效应更强。就中介效应而言，虽然税收激励无法直接影响新能源企业深层次创新，但是可以通过研发经费投入间接影响企业深层次创新。

（6）金融市场发展和新能源产业升级之间存在相互依赖的关系，金融市场担负着改善能源结构、支持新能源发展的责任，同时，新能源规模的扩大也会引起投资量的持续增加，因此，新能源产业的健康发展离不开资本市场的支持。本书利用 DEA 模型投入产出指标测算了新能源产业及其细分行业金融支

持的效率。研究发现，新能源产业金融支持效率受到政策环境的影响，2013
年，国外实施"双反"调查引起金融支持效率偏低，之后，国家拓宽金融支
持范围，金融支持效率逐渐提升。此外，2011～2020 年纯技术效率远低于规
模效率，说明新能源产业金融支持效率的重点在于纯技术效率，需要进一步改
进金融管理体制，以制度创新推动技术创新。关于金融效率的影响因素，研究
认为，流通股所占比例、资产负债率和系统风险影响金融支持的效率。从流通
股所占比例来看，直接融资行为不利于新能源产业金融支持效率的实现，可能
由于新能源项目在初级阶段资金需求量大，股市融资规模有限。我国资本市场
还不成熟，新能源企业上市比较困难，因此，资本市场未能发挥正向激励效
应。从资产负债率来看，适当的负债率可以提升新能源企业的市场价值，然而
如果负债水平过高，则会大大增加新能源企业的融资风险，阻碍金融支持效率
的提高。从金融支持的系统风险来看，系统风险对新能源产业金融支持效率具
有负向影响，资本市场不确定性引发的风险溢价使得投资机构比较谨慎，从而
对金融支持效率产生抑制作用。

8.2　政策建议

8.2.1　实施稳健有效的财税政策

新能源产业具有以下两个特征：一是公益性，新能源与传统常规能源相
比，具有改善生态环境、降低碳排放的比较优势，而且发展新能源能够降低我
国的能源对外依存度，优化能源供给与消费结构，保障能源安全；二是资本密
集性，新能源产业属于资本密集型产业，项目回报周期偏长，投资过程存在较
大的技术风险和市场风险。考虑到新能源的以上特征，需要政府实施财政补贴
和税收激励政策，提高消费者剩余，支持新能源产业的高质量发展。下面从补
贴支持和税收政策两个方面提出具体的对策和建议。

（1）首先，加大财政支持力度。近十年来，新能源产业处于产能过剩的
状态，供给远远大于需求，不利于新能源产业的长期、稳定发展。因此，财政

补贴需要着眼于新能源产业链的下游，例如加大对消费端的补贴。对需求侧予以财政补贴，可以有效增加新能源产品的需求，带动相关产业的规模化、集群化发展。适当降低对制造行业的生产补贴，以减少贸易争端。针对用户端发电项目，可以综合使用事前补贴和产出补贴这两种激励手段，考虑到项目初级阶段资金需求量大，融资相对比较困难，此时，事前补贴发挥着关键性作用，在项目投产前对生产者给予一定比例的补贴支持，解决了新能源生产者的资金约束。而产出补贴能够激励生产企业提升新能源发电效率，促进新能源产业的高质量发展。

其次，加大对新能源研发的支持力度。发达国家在研发环节投入了大量资金，以鼓励新能源技术创新。例如，美国联邦政府每年对新能源基础研发予以30亿美元的补贴支持，有效降低了研发活动的风险，保障了技术研发的连续性，这是美国新能源产业一直占据世界前列的主要原因。我国新能源核心技术缺乏，关键设备依赖国外供应商，因此，在能源市场竞争中不占优势，产品附加值偏低，抗风险能力较弱。国内新能源产业的竞争集中于产业链的低端，产品同质化严重，加上前端晶体硅等原材料的约束，使得行业利润不断降低。针对这种局面，持续增加研发补贴、提升自主创新能力是行之有效的解决途径。

最后，注重政策稳定性。补贴政策的频繁变动体现出财政补贴缺乏规范性和系统性，不利于投资者预期潜在的利润，使投资者对新能源产业处于观望状态，不利于新能源市场规模的扩张。随着新能源生产成本的逐渐降低，补贴水平也在持续下调。但是补贴政策应在短期内保持相对稳定，这就需要在制定补贴政策之前进行充分的市场调研，核算传统能源和新能源的发电成本，从而保证补贴政策的全面性和稳定性，推动新能源产业健康有序发展。

（2）优化税收激励政策。为了促进新能源产业的集约化、规模化发展，有必要在生产、消费环节优化税收优惠政策。国家利用税收手段干预新能源产业，目的是减轻企业的税负，增加新能源的盈利空间，激励企业进一步扩大发展规模。随着企业边界的拓宽，注意适当调整税收制度，避免过度干预，影响价格机制发挥作用。本书主要从三个方面提出税收优化的建议。

第一，优化增值税政策。建议实施低税率的增值税优惠制度，以增强新能源产业的竞争力。目前仅对风电给予减半征收的激励政策，建议拓宽政策支持范围，对生物质能等新能源生产的电力均实施减半征收的优惠政策。在新能源企业发展的初级阶段，对进口的风电机组、生物质内燃发电机组等重要设备免征增值税，从而降低新能源企业的税收负担，助推新能源产业规模化发展。

第二，改善所得税政策。新能源企业所得税是一种间接税，税负难以通过其他途径转移，对企业的净利润产生较大的影响。借鉴欧盟、美国、日本等发达国家和地区的经验，实行所得税激励政策。例如，美国对太阳能、潮汐能、风能等电力公司，依据投资额的 25% 从联邦所得税中抵扣。我国可以借鉴美国的税收抵免政策，适当降低所得税税率，同时，对新能源核心技术和专用设备减免企业所得税，从而鼓励企业进行投资，调整能源供给结构，实现能源的绿色化、低碳化发展。

第三，改进关税政策。目前对大型核电设备及其零部件实施关税减免政策，但这并不是针对新能源的关税激励政策。欧盟、美国等国家和地区的新能源技术已迈入成熟阶段，而我国除了风能、太阳能技术相对成熟，生物质能、燃料电池等技术有待突破。所以为了激励新能源产业技术创新，不但需要加大财政支持力度，而且要对引进的关键设备实施免征关税政策。

8.2.2 创新金融支持机制

在当前的宏观环境下，通过金融产品和制度创新提升金融支持的手段和实力，同时，为防范融资风险，创新金融工具和金融制度安排是政府和金融机构的社会责任。关于金融支持政策，在新能源产业发展的导入期，资金主要来源于政策性贷款和商业贷款，随着产业发展逐步成熟，以政府为中心的金融制度需要转变为以资本市场为主导的金融制度。

（1）优化金融服务，加大对新能源产业的支持力度。新能源的研发和推广离不开银行体系的信贷支持。因此，构建科学的信用管理体制是保障新能源产业发展的关键。建立新能源企业信用评估机制、信用担保机制以及金融信息服务机制，降低交易成本，提升金融资源的配置效率。注重培养财务管理、法律服务等方面的优秀人才，为新能源企业注入新的活力。此外，鼓励不同形式的金融担保机构，进一步扩大担保机构的规模，发挥杠杆效应，放大信用担保金额。

为了贯彻落实碳中和的战略目标，商业银行需要加大对新能源的支持力度。在新能源产业发展的不同阶段，根据各地资源禀赋优势实施不同的融资模式，不断扩大信贷支持范围。新能源产业是当前比较热门的行业，商业银行可以选择发展前景良好的新能源企业进行投资，并针对企业特点创新金融产品和服务模式，例如，提供网上信用证等金融服务。

政策性银行在新能源产业发展过程中发挥着主导作用。政策性银行运用低息贷款、延长贷款期限等金融支持手段，解决新能源企业的资本不足问题。此外，政策性银行还可以发行新能源专项债券，从而拓宽新能源企业的融资渠道，缓解企业融资约束。同时，政策性银行具有长期融资的比较优势，在促进新能源产业发展方面发挥了主导作用。

（2）激励金融创新，开发新能源相关的金融产品。在支持新能源发展过程中，除了常规的金融支持模式，还需要进行金融产品与制度的创新，尤其是随着数字经济的发展，"互联网＋"智慧能源逐渐拉开大幕，制定与时俱进的金融制度显得至关重要。"互联网＋"智慧能源本质是将互联网、大数据等智能技术与新能源产业有机结合，形成新的格局和业态。智慧能源改变了传统的能源交易方式，节省了交易费用，提高了交易效率，有利于实现能源技术的协同化、信息化（范欣和尹秋舒，2021）。积极制定支持数字能源发展的金融政策，鼓励商业银行加大对数字能源的金融支持力度，激励商业银行拓展适合数字能源发展的金融工具和服务方式。

建立多元化融资渠道，创新金融保险业务，研究开发新能源产业的专项保险、远期保值合约等金融服务。银行体系可以引进新能源信托金融产品，通过融资租赁、收益权信托等方式解决新能源企业的资金问题，提升资本利用效率。此外，完善商业银行的绩效评估机制，将扶持新能源发展的因素考虑进去，将新能源产业和金融业有机结合起来，构建规范、系统、互利的能源金融生态圈。

（3）完善资本市场，建立多元化的金融支持机制。资本市场在新能源产业发展过程中日趋重要。资本市场具有筹资量大、无须偿还等显著优势，能够给新能源企业提供广阔的融资空间。前面实证结果表明，较高的负债水平不利于金融支持效率的实现，因此，有必要改善新能源企业的资本结构，适当减少负债比例，加强对资产负债的监管，从而提升新能源产业金融支持的绩效。

目前我国股票市场上市门槛偏高，审批环节比较复杂，一些小微新能源企业由于资金不足难以获得上市资格，制约了新能源产业的规模化发展。建议根据新能源企业融资需求适度降低上市标准，优先审核、批准新能源相关企业上市，鼓励实力较强的新能源公司增发新股，以扩大新能源产业的市场份额，优化能源供需结构，加快能源革命。

和股票市场相比，我国债券市场不够发达，公司债券的类别与数量相对较少，制约了新能源企业的债券融资。所以我国应完善债券市场，丰富债券品种，激励新能源企业公开发行绿色公司债、中期票据等绿色债券。此外，风险投资对于新能源市场的培育非常重要，风险资本是一种高风险、高收益的资本形态，符合新能源产业的内在特征。积极引入风险资本，优化资本市场退出路径，构建真正的创业板市场，提升新能源企业融资能力。风险投资机构应完善对新能源项目的收益评估机制，在此基础上加大风险投资，支持新能源产业的健康发展。

8.2.3　完善其他配套措施

（1）构建基于区块链的新能源交易平台。随着 5G、特高压、充电桩等新型基础设施的落地，区块链在新能源领域逐步得到推广。区块链是一种去中心化的大型数据库，最早应用于比特币交易，随后应用到金融业、建筑业、电力行业等。区块链通过分布式账本实现能源系统的即时更新，运用非对称 RSA 算法和哈希算法保障能源交易的信息安全，利用智能契约实现能源的点对点直接交易，突破了时间和空间的限制，大幅提高了能源利用效率，降低了交易成本，达到能源供给和电力需求之间的动态均衡。在区块链交易平台上，风能、太阳能、生物质能等各种能源深度融合，促进刚性电网向柔性智能电网转型，打造中国特色的"能源区块链 +"，实现新能源产业的"凤凰涅槃"。

区块链包括数据层、服务层和应用层这三个层次，最底层的是数据层，包括 Merkle 树、数据区块、数据管理等功能，保障能源系统信息的安全可靠；中间层是服务层，为新能源企业、政府和消费者提供智能契约，并确保契约的顺利履行；顶层是应用层，包括挂牌交易、用户查询等具体模块，是能源系统和外界交互信息的平台。区块链与新能源产业相结合，能够有效解决电网调峰问题，缓解产能过剩，降低发电成本，提升电网利用率。"区块链+能源"是能源 4.0 的发展方向，借助区块链技术，培育能源交易新业态，从而推动能源转型和体制创新。

（2）建立新能源即时补贴机制。新能源补贴制度在实践中发挥了巨大的作用，推动了新能源产业蓬勃发展。通过大数据等技术创新手段，完善新能源产业的实时补贴机制，增加消费者剩余，激励新能源企业扩大生产规模。目前的补贴资金大部分来源于财政预算收入，补贴缺口较大，需要进一步拓宽资金来源渠道，例如通过征收碳税、二氧化硫税等来增加税收收入。从长期来看，征收碳税是未来的最优选择，碳税收入用于补贴新能源产业，一方面可以弥补财政资金的缺口，另一方面可以改善环境质量，降低二氧化碳排放量。此外，征收碳税有利于促进社会公平，例如，环境税对低收入组造成的福利损失为 0.08%，而对高收入组造成的福利损失为 0.36%，是低收入组的 4.5 倍。所以征收碳税有其合理性，不仅能够拓展财政补贴资金来源，而且还能保障补贴发放的及时性。

优化新能源项目审批环节，降低制度性交易成本，利用互联网等技术实现新能源的实时补贴，及时调整能源供给和消费结构，保障我国的能源安全。目前的补贴机制存在流程不规范问题，导致补贴存在一定的滞后性，未能达到预期的效果。健全新能源即时补贴制度，最大限度公开相关补贴信息，激励市场参与者开发利用新能源，实现高效安全的能源发展目标。

（3）完善绿色能源证书交易制度。绿色证书交易制度是在配额制的基础上发展起来的，能够满足不同企业对于绿色电力的交换需求，提高能源资源的配置效率。配额制意味着生产商在其电力产品供给中，新能源发电量必须占有一定的比重。新能源生产者在电力市场上出售电能产品，可以得到政府颁发的绿色证书，以证明生产商是利用新能源生产的电力。电力供应商如果自身缺乏新能源发电量，可以到市场上购买绿色证书，以满足配额标准；有富余绿色电力的新能源企业可以卖出绿色证书，以获得潜在的利润。这样一来，通过绿证交易制度可以自动实现电力价格的均衡，促进新能源的开发利用。

绿证交易制度是一种以市场为导向的制度安排，充分发挥了"无形之手"的作用，有利于能源结构的调整和升级，同时也降低了政府干预的成本，节约了交易费用，减少了新能源企业的寻租行为。绿证交易和碳排放交易制度相辅相成，两者共同约束能源企业的二氧化碳排放，提升企业的社会责任感，激励新能源企业积极生产。绿证交易制度是将外部效应内部化的重要手段，缓解了国家财政补贴的压力，有利于推动新能源产业长期、稳定地发展。

8.2.4 健全补贴监督机制

国家理论将国家作为影响经济增长的内生变量纳入分析框架，认为国家的主要功能是纠正市场失灵，通过制度设计来规范市场参与者的行为。国家垄断了对暴力的使用权，能够约束新能源企业的机会主义行为，有效地保证补贴契约的实施。因此，新能源产业协调、有序的发展离不开政府的适当介入。在5G、物联网迅速崛起的时代，政府需要创新监管方式，从过去的人力监管迈向信息化、智能化监管，大大降低了监管成本，提升了管理效率。同时，应制定针对能源互联网的监管制度，确保市场主体共同参与监督，创造公平、竞争的外部环境。

进一步加强对新能源产业的事前、事中和事后监管，构建多层次监管格局。在新能源项目的核准阶段，需要进行充分的市场调研，了解新能源企业的资产负债水平、公司规模、股权集中度等指标信息，确保补贴资金流向评价最高的企业。在补贴的发放阶段，地方政府应密切关注财政补贴的效率，确保企业将一定比例的补贴资本用于自主创新、技术引进等研发活动。接下来，强化补贴的事后监督制度，坚决处理市场参与者的违规行为，增加违规成本，约束市场参与者遵纪守法。同时，健全信息披露制度，通过能源互联网及时公开市场交易信息，保证信息的公正、透明，降低交易费用，激励政府、企业、用户等积极参与电力市场交易。我国新能源产业已迈入后补贴阶段，应健全财政补贴监管制度，使补贴资本真正发挥推动新能源发展的作用。

8.3 研究展望

　　本书针对我国新能源财税、金融政策进行了深入的探讨，但是新能源产业属于朝阳产业，发展时间较短，因此，本书还存在一些不足，需要进一步补充与完善。本书侧重于分析新能源补贴政策、税收政策和金融支持机制的绩效，而对其他政策的作用效果有所忽视，这需要在未来的研究中进一步深入。在支持新能源发展的政策框架中，虽然财税和金融政策处于主导地位，但是产业政策、定价政策也非常重要。在后续工作中，可以构建更复杂的评价指标来测度各项政策的实施效果，为新能源发展贡献研究成果。同时，新能源财税政策与其他政策需要协调配合，形成系统合力，才能实现碳达峰、碳中和的目标。从长期来看，新能源产业扶持政策是一个复杂的系统工程，涉及研发、组件制造、系统集成等多个环节，各环节之间离不开政策的协调运作，从而实现公共政策的杠杆效应。本书未能深入分析其他政策的协同效应，这一领域可以成为未来研究的方向。

参考文献

[1] 曹新，陈剑，刘永生. 可再生能源补贴问题研究 [M]. 北京：中国社会科学出版社，2016：22-26.

[2] 曹玉书，尤卓雅. 资源约束、能源替代与可持续发展——基于经济增长理论的国外研究综述 [J]. 浙江大学学报（人文社会科学版），2010 (4)：5-13.

[3] 陈清泰，吴敬琏. 新能源汽车需要一个国家战略 [N]. 经济参考报，2009-09-24.

[4] 德姆塞茨. 财产权利与制度变迁 [M]. 上海：上海三联书店，1994：188.

[5] 邓若冰. 产权性质、政府补贴与企业研发投入——基于政治寻租视角 [J]. 软科学，2018，32 (3)：5-9.

[6] 丁方飞，谢昊翔. 财税政策能激励企业的高质量创新吗？——来自创业板上市公司的证据 [J]. 财经理论与实践，2021，42 (4)：74-81.

[7] 丁芸，张天华. 促进新能源汽车产业发展的财税政策效应研究 [J]. 税务研究，2014 (9)：16-20.

[8] 樊利，李忠鹏. 政府补贴促进制造业企业研发投入了吗？——基于资本结构的门槛效应研究 [J]. 经济体制改革，2020 (2)：112-119.

[9] 范欣，尹秋舒. 数字金融提升了绿色全要素生产率吗？[J]. 山西大学学报（哲学社会科学版）.2021，44 (4)：109-119.

[10] 方大春，张凡，芮明杰. 我国高新技术产业创新效率及其影响因素实证研究——基于面板数据随机前沿模型 [J]. 科技管理研究，2016，36 (7)：66-70，75.

[11] 高培勇，杜创，刘霞辉，等．高质量发展背景下的现代化经济体系建设：一个逻辑框架 [J]．经济研究，2019，54（4）：4－17．

[12] 高晓燕，王治国．绿色金融与新能源产业的耦合机制分析 [J]．江汉论坛，2017（11）：42－47．

[13] 高新伟，张晓艺．税收优惠对新能源企业创新绩效的影响研究 [J]．中国石油大学学报（社会科学版），2020，36（6）：1－10．

[14] 高秀平，彭月兰．我国新能源汽车财税政策效应与时变研究——基于A股新能源汽车上市公司的实证分析 [J]．经济问题，2018（1）：49－56．

[15] 高展军，袁萌．民营企业私有和集体政治关联对研发投入的影响——基于制度情境的研究 [J]．华东经济管理，2018，32（9）：151－157．

[16] 高志刚，克凯．中国沿边省区经济高质量发展水平比较研究 [J]．经济纵横，2020（2）：23－35，2．

[17] 郭梅清，张成培．企业年龄、研发投入与绩效的实证研究——基于浙江省A股上市公司的经验数据 [J]．财会通讯，2017（36）：52－56．

[18] 郭庆方，董昊鑫．新能源破局：中国新能源产业发展逻辑 [M]．北京：机械工业出版社，2015：3－6．

[19] 国网能源研究院有限公司．2020中国新能源发电分析报告 [M]．北京：中国电力出版社，2020：16．

[20] 韩晓平．关于"新能源"的定义 [J]．节能与环保，2007（7）：22－24．

[21] 何代欣．促进新能源产业发展的财税政策：评估与调适 [J]．税务研究，2014（9）：6－10．

[22] 何辉．新能源产业面临的挑战与财税应对策略 [M]．北京：经济科学出版社，2018：155－162．

[23] 何凌云，陶东杰．税收征管、制度环境与企业创新投入 [J]．科研管理，2020，41（9）：42－50．

[24] 胡鞍钢．中国实现2030年前碳达峰目标及主要途径 [J]．北京工业大学学报（社会科学版），2021，21（3）：1－15．

[25] 纪玉哲．国外新能源产业发展经验及对我国的启示 [J]．地方财政

研究, 2013 (3)：77 - 80.

[26] 贾春香, 王婉莹. 财政补贴、税收优惠与企业创新绩效——基于研发投入的中介效应 [J]. 会计之友, 2019 (11)：98 - 103.

[27] 蒋海勇. 广西北部湾经济区新能源产业发展与财税支持政策研究 [J]. 经济研究参考, 2015 (5)：86 - 89.

[28] 金碚. 关于"高质量发展"的经济学研究 [J]. 中国工业经济, 2018 (4)：5 - 18.

[29] 黎文靖, 郑曼妮. 实质性创新还是策略性创新?——宏观产业政策对微观企业创新的影响 [J]. 经济研究, 2016, 51 (4)：60 - 73.

[30] 李昌明, 谢会芹, 赵卓. 京津冀协同发展下河北省新能源产业可持续发展的财税支持政策研究 [J]. 纳税, 2017 (31)：10 - 11.

[31] 李瑶, 李磊, 刘俊霞. 有为政府、有效市场与高质量发展——基于调节效应和门槛效应的经验研究 [J]. 山西财经大学学报, 2022, 44 (2)：16 - 30.

[32] 李有祥. 中国保险公司管理层激励与约束机制研究 [M]. 北京：中国金融出版社, 2006：7 - 26.

[33] 李真, 李茂林. 减税降费对企业创新的激励机制与调节效应 [J]. 上海经济研究, 2021 (6)：105 - 117.

[34] 李子彪, 孙可远, 吕鲲鹏. 三类政府财政激励政策对高新技术企业创新绩效的激励机制——基于企业所有权性质的调节效应 [J]. 技术经济, 2018, 37 (12)：14 - 25, 75.

[35] 廖家勤, 孙小爽. 新能源汽车财税政策效应研究 [J]. 税务与经济, 2017 (1)：86 - 93.

[36] 林伯强. 现代能源经济学 [M]. 北京：中国财政经济出版社, 2007：64.

[37] 林木西, 张紫薇, 和军. 研发支持政策、制度环境与企业研发投入 [J]. 上海经济研究, 2018 (9)：35 - 48, 71.

[38] 林珊珊, 徐康宁. 中国高质量发展的测度评价：地区差异与动态演进 [J]. 现代经济探讨, 2022 (2)：33 - 43.

[39] 林钟高, 刘捷先, 章铁生. 企业负债率、研发投资强度与企业价值 [J]. 税务与经济, 2011 (6): 1-11.

[40] 刘放, 杨筝, 杨曦. 制度环境、税收激励与企业创新投入 [J]. 管理评论, 2016, 28 (2): 61-73.

[41] 刘会武, 赵祚翔, 马金秋. 区域高质量发展测度与创新驱动效应的耦合检验 [J]. 技术经济, 2021, 40 (9): 1-13.

[42] 刘静文. 资产负债率对制造业企业研发支出的影响 [J]. 商场现代化, 2021 (2): 134-136.

[43] 刘兰剑, 李泂旭. 政策效应是否等同? ——基于所有制的比较分析 [J]. 科研管理, 2019, 40 (10): 96-105.

[44] 刘兰剑, 张萌, 黄天航. 政府补贴、税收优惠对专利质量的影响及其门槛效应——基于新能源汽车产业上市公司的实证分析 [J]. 科研管理, 2021, 42 (6): 9-16.

[45] 刘叶志. 关于新能源界定的探讨 [J]. 能源与环境, 2008 (2): 43-44.

[46] 卢现祥. 论产权制度、要素市场与高质量发展 [J]. 经济纵横, 2020 (1): 65-73, 2.

[47] 罗知, 赵奇伟, 严兵. 约束机制和激励机制对国有企业长期投资的影响 [J]. 中国工业经济, 2015 (10): 69-84.

[48] 马军伟. 我国七大战略性新兴产业的金融支持效率差异及其影响因素研究——基于上市公司的经验证据 [J]. 经济体制改革, 2013 (3): 133-137.

[49] 穆献中, 刘炳义. 新能源和可再生能源发展与产业化研究 [M]. 北京: 石油工业出版社, 2009: 3-7.

[50] 祁特, 陈良华, 王惠庆. 政府R&D补贴与新能源汽车企业创新绩效关系的实证分析——基于R&D支出和技术水平中介调节效应 [J]. 预测, 2020, 39 (5): 16-22.

[51] 任保平, 李禹墨. 新时代我国高质量发展评判体系的构建及其转型路径 [J]. 陕西师范大学学报 (哲学社会科学版), 2018, 47 (3): 105-113.

[52] 任征宇. 战略性新兴产业金融支持效率研究——基于七大产业的上市公司证据 [J]. 财会通讯, 2021 (4): 160 – 163.

[53] 邵学峰, 方天舒. 不完全契约视角下绿色能源的政策驱动效应——以光伏产业为例 [J]. 财经问题研究, 2021 (5): 40 – 48.

[54] 邵学峰, 赵志琦. 补贴边界、产权阈值与研发产出表现 [J]. 吉林大学社会科学学报, 2019, 59 (2): 20 – 29, 219.

[55] 沈满洪, 何灵巧. 外部性的分类及外部性理论的演化 [J]. 浙江大学学报 (人文社会科学版), 2002, 32 (1): 152 – 160.

[56] 沈弋, 徐光华, 钱明. 双元创新动因、研发投入与企业绩效——基于产权异质性的比较视角 [J]. 经济管理, 2016, 38 (2): 69 – 80.

[57] 石旻, 张大永, 邹沛江, 等. 中国新能源行业效率——基于 DEA 方法和微观数据的分析 [J]. 数量经济技术经济研究, 2016, 33 (4): 60 – 77.

[58] 史丹, 王蕾. 能源革命及其对经济发展的作用 [J]. 产业经济研究, 2015 (1): 1 – 8.

[59] 史丹. 新能源定价机制、补贴与成本研究 [M]. 北京: 经济管理出版社, 2015: 5 – 12.

[60] 宋林, 乔小乐. 政府补贴对企业研发投入的影响研究——以装备制造业为例 [J]. 经济问题, 2017 (11): 20 – 27.

[61] 苏屹, 林雨依. 政府补贴对新能源企业 R&D 投入影响研究 [J]. 科学管理研究, 2021, 39 (1): 102 – 110.

[62] 隋建利, 米秋吉, 刘金全. 异质性能源消费与经济增长的非线性动态驱动机制 [J]. 数量经济技术经济研究, 2017, 34 (11): 24 – 43.

[63] 孙丹阳. 关于新能源企业绿色债券融资模式的研究 [J]. 财经界, 2020 (34): 45 – 47.

[64] 孙健夫, 贺佳. 财税支持政策对新能源汽车产业研发效率的效应分析 [J]. 软科学, 2021, 35 (1): 56 – 61.

[65] 涂俊. 新能源产业与金融资本关系研究 [J]. 理论月刊, 2012 (10): 129 – 132.

[66] 王朝才, 曾晓安. 中国发展新能源的财税政策 [M]. 北京: 中国财

政经济出版社，2012：103－108.

[67] 王程，崔维平，高洪达，等. 区块链技术在能源数字经济中的应用研究 [J]. 华电技术，2021，43 (5)：23－29.

[68] 王礼茂，屈秋实，牟初夫，等. 中国参与全球能源治理的总体思路与路径选择 [J]. 资源科学，2019，41 (5)：825－833.

[69] 王临夏. 研发投入、政府补助与企业绩效——来自新能源汽车上市企业的经验 [J]. 经营与管理，2020 (1)：44－49.

[70] 王彦超，李玲，王彪华. 税收优惠与财政补贴能有效促进企业创新吗？——基于所有制与行业特征差异的实证研究 [J]. 税务研究，2019 (6)：92－98.

[71] 王竺，丁振，沈小嘉，等. 促进新能源产业发展的税收政策研究 [J]. 公共经济与政策研究，2015 (2)：64－83.

[72] 魏本平，马若腾，陆文钦. 绿色金融支持北京市新能源产业发展研究 [J]. 中国能源，2020，42 (12)：40－44.

[73] 魏文江，谢戈扬. 高质量发展理论综述及展望 [J]. 理论建设，2021，37 (6)：71－77.

[74] 温忠麟，叶宝娟. 中介效应分析：方法和模型发展 [J]. 心理科学进展，2014，22 (5)：731－745.

[75] 吴锦明. 新能源产业发展需要哪些"政策红利" [J]. 人民论坛，2019 (8)：66－67.

[76] 吴松彬，黄惠丹. R&D 税收激励、制度环境与高新制造企业创新——来自 2009～2015 年全国税收调查数据的分析 [J]. 河北经贸大学学报，2020，41 (3)：34－45.

[77] 夏媛，姜娟. 政府补贴对企业技术创新能力的影响研究——基于新能源汽车企业经验证据 [J]. 技术与创新管理，2021，42 (3)：237－243.

[78] 熊正德，詹斌，林雪. 基于 DEA 和 Logit 模型的战略性新兴产业金融支持效率 [J]. 系统工程，2011，29 (6)：35－41.

[79] 徐传谌. 论企业家行为激励与约束机制 [M]. 北京：经济科学出版社，1997：8.

［80］徐枫，周文浩．新能源产业的金融支持绩效评价——基于 DEA 和 Logit 模型［J］．科技管理研究，2014，34（20）：33－38.

［81］严成樑．现代经济增长理论的发展脉络与未来展望——兼从中国经济增长看现代经济增长理论的缺陷［J］．经济研究，2020，55（7）：191－208.

［82］严俊杰，石琼．湖南省新能源产业发展的金融支持体系研究［J］．北方经济，2016（5）：68－70.

［83］杨思莹．政府在创新驱动发展中的职能与行为研究［D］．长春：吉林大学，2019.

［84］袁国宝．新基建：数字经济重构经济增长新格局［M］．北京：中国经济出版社，2020：2－6.

［85］袁庆明．新制度经济学教程（第二版）［M］．北京：中国发展出版社，2016：376－382.

［86］岳文．新能源产业发展困境的法经济学研究——科斯定理的交易成本理论分析［J］．内蒙古师范大学学报（哲学社会科学版），2017，46（4）：72－76.

［87］张海龙．中国新能源发展研究［D］．长春：吉林大学，2014.

［88］张浩，赵清松，石建磊，等．中国绿色电力证书交易定价决策研究［J］．价格理论与实践，2019（9）：42－45.

［89］张佳宁，胡小飞，颜海娟．生态经济高质量发展的研究演进与前沿热点［J］．环境生态学，2022，4（1）：7－13，18.

［90］张军扩，侯永志，刘培林，等．高质量发展的目标要求和战略路径［J］．管理世界，2019，35（7）：1－7.

［91］张丽峰．中国能源供求预测模型及发展对策研究［D］．北京：首都经济贸易大学，2006.

［92］张璐．绿色金融与新能源产业发展的耦合效应研究——基于金融供给侧改革视角的实证分析［J］．吉林工商学院学报，2019，35（1）：92－98.

［93］张维迎．博弈论与信息经济学［M］．上海：格致出版社，2012：239－262.

［94］张伟涛，冯蛟杰．关于新能源概念界定的探讨［J］．商品与质量，

2012（S5）：308.

[95] 张宪昌，曹新. "十四五"时期我国新能源产业财税政策探讨 [J]. 审计观察，2020（11）：60－64.

[96] 张兴龙，沈坤荣，李萌. 政府 R&D 补助方式如何影响企业 R&D 投入？——来自 A 股医药制造业上市公司的证据 [J]. 产业经济研究，2014（5）：53－62.

[97] 张英，宋洁. 电子信息企业研发投入与企业价值——基于股权结构调节视角 [J]. 湖北工业大学学报，2021，36（3）：10－13，29.

[98] 张治河，郭星，易兰. 经济高质量发展的创新驱动机制 [J]. 西安交通大学学报（社会科学版），2019，39（6）：39－46.

[99] 赵国涛，钱国明，丁泉，等. 基于区块链的可再生能源消纳激励机制研究 [J]. 华电技术，2021，43（4）：71－77.

[100] 赵驹. 我国公务员激励机制存在的问题与对策研究 [J]. 管理世界，2013（4）：170－171.

[101] 郑贵华，李呵莉，潘博. 财政补贴和税收优惠对新能源汽车产业 R&D 投入的影响 [J]. 财经理论与实践，2019，40（4）：101－106.

[102] 周煊，程立茹，王皓. 技术创新水平越高企业财务绩效越好吗？——基于 16 年中国制药上市公司专利申请数据的实证研究 [J]. 金融研究，2012（8）：166－179.

[103] 周亚虹，蒲余路，陈诗一，等. 政府扶持与新型产业发展——以新能源为例 [J]. 经济研究，2015，50（6）：147－161.

[104] 周燕，潘遥. 财政补贴与税收减免——交易费用视角下的新能源汽车产业政策分析 [J]. 管理世界，2019，35（10）：133－149.

[105] 朱劲松. 从资源与环境的关系看新能源产业发展思路 [J]. 生态经济，2012（12）：120－123.

[106] 朱孟珏，庄大昌. 1990～2015 年世界能源时空演变特征研究 [J]. 中国人口·资源与环境，2017，27（5）：63－71.

[107] 朱锡平，肖湘愚，陈英. 我国新能源开发利用过程中的金融与政策支持 [J]. 江南社会学院学报，2009，11（2）：14－18.

［108］朱永明, 赵程程, 贾明娥, 等. 税收优惠对企业研发投入的影响研究——基于所有制与地区市场化的联合调节效应 ［J］. 财会通讯, 2019 （18）: 92 – 97.

［109］邹彩芬, 刘双, 王丽, 等. 政府 R&D 补贴、企业研发实力及其行为效果研究 ［J］. 工业技术经济, 2013, 32 （10）: 117 – 125.

［110］Abolhosseini S, Heshmati A. The main support mechanisms to finance renewable energy development ［J］. Renewable and Sustainable Energy Reviews, 2014 （40）: 876 – 885.

［111］A Castillo-Ramírez, D Mejía-Giraldo. Measuring Financial Impacts of the Renewable Energy Based Fiscal Policy in Colombia under Electricity Price Uncertainty ［J］. Sustainability, 2021, 13 （4）.

［112］Aghion P, Jones B F, Jones C I. Artificial Intelligence and Economic Growth ［M］. University of Chicago Press, 2017.

［113］Akinbami J F K. Renewable energy resources and technologies in Nigeria: present situation, future prospects and policy framework ［J］. Mitigation & Adaptation Strategies for Global Change, 2001, 6 （2）: 155 – 182.

［114］Alsharif M H, Yahya K, Geem Z W. Strategic Market Growth and Policy Recommendations for Sustainable Solar Energy Deployment in South Korea ［J］. Journal of Electrical Engineering and Technology, 2020 （15）: 803 – 815.

［115］Amoruso G, Donevska N, Skomedal G. German and Norwegian policy approach to residential buildings' ergy efficiency-a comparativeassessment ［J］. Energy Efficiency, 2018 （11）: 1375 – 1395.

［116］Anderson B E. Energy policy and black employment: A preliminary analysis ［J］. The Review of Black Political Economy, 1979, 9 （3）: 214 – 237.

［117］Apergis N, Payne J E. CO_2 emissions, energy usage, and output in Central America ［J］. Energy Policy, 2009, 38 （7）: 3282 – 3286.

［118］Arenas-Aquino A R, Matsumoto-Kuwabara Y, Kleiche-Dray M. Public policy performance for social development: solar energy approachtoassess technological outcome in Mexico City Metropolitan Area ［J］. Environmental Science & Pollution Research, 2017 (24): 25571 – 25581.

[119] Arouri M E H, Youssef A B, M' henni H, et al. Energy consumption, economic growth and CO_2 emissions in Middle East and North African countries [J]. Energy Policy, 2012 (45): 342 – 349.

[120] Arthur W B. Competing Technologies, Increasing Returns, and Lock-In by Historical Events [J]. The Economic Journal, 1989, 99 (394): 116 – 131.

[121] Atkinson R D. Expanding the R&E tax credit to drive innovation, competitiveness and prosperity [J]. Journal of Technology Transfer, 2007, 32 (6): 617 – 628.

[122] Baghana R, Mohnen P. Effectiveness of R&D tax incentives in small and large enterprises in Québec [J]. Small Business Economics, 2009, 33 (1): 91 – 107.

[123] Banker R D, Charnes A, Cooper W W. Some Models for Estimating Technical and Scale Inefficiencies in Data Envelopment Analysis [J]. Management Science, 1984, 30 (9): 1078 – 1092.

[124] Barbier E B. Endogenous Growth and Natural Resource Scarcity [J]. Environmental and Resource Economics, 1999, 14 (1): 51 – 74.

[125] Barinova V A, "Skip" Laitner J A. Examining the critical role of institutions and innovations in shaping productive energy policy for Russia [J]. Journal of Environmental Studies and Sciences, 2019 (9): 54 – 66.

[126] Bassi A M. A context-inclusive approach to support energy policy formulation and evaluation [J]. Regional Environmental Change, 2011, 11 (2): 285 – 295.

[127] Bebchuk L A, Roe M J. A theory of path dependence in corporateownership and governance [J]. Stanford Law Review, 1999, 52 (1): 127 – 170.

[128] Bechberger M, Reiche D. Renewable energy policy in Germany: pioneering and exemplary regulations [J]. Energy for Sustainable Development, 2004, 8 (1): 47 – 57.

[129] Berkowitz D, DeJong D N. Growth in post-soviet Russia: a tale of two

transitions [J]. Journal of Economic Behavior and Organization, 2011, 79 (1 – 2): 133 – 143.

[130] Bhattacharya M, Paramati S R, Ozturk I, et al. The effect of renewable energy consumption on economic growth: evidence from top 38 countries [J]. Applied Energy, 2016 (162): 733 – 741.

[131] Böhringer C, Cuntz A, Harhoff D, et al. The impact of the German feed-in tariff scheme on innovation: Evidence based on patent filings in renewable energy technologies [J]. Energy Economics, 2017 (67): 545 – 553.

[132] Bilgili F, Ulucak R. Is there deterministic, stochastic, and/or club convergence in ecological footprint indicator among G20 countries? [J]. Environmental Science and Pollution Research, 2018, 25 (35): 35404 – 35419.

[133] Blum H, Atkinson B, Lekov A B. A methodological framework for comparative assessments of equipment energy efficiency policy measures [J]. Energy Efficiency, 2013 (6): 65 – 90.

[134] Bößner S, Suljada T, Johnson F X, et al. Policy transfer processes and renewable energy penetration: a comparative analysis of Peru, Thailand, and Uganda [J]. Sustainable Earth, 2020, 3 (1).

[135] Borenstein S, Bushnell J B, Wolak F A. Measuring market inefficiencies in California's restructured wholesale electricity market [J]. The American Economic Review, 2002, 92 (5), 1376 – 1404.

[136] Bo Z. Empirical study on Japan's fiscal policy to promote the development of emerging industries: Take new energy vehicles as example [C]. International Conference on Management Science & Engineering, IEEE, 2014.

[137] BP. Statistical Review of World Energy 2021 [R]. London: BP, 2021: 2 – 11.

[138] Bruckner T, Morrison R, Handley C, et al. High-Resolution Modeling of Energy-Services Supply Systems Using deeco: Overview and Application to Policy Development [J]. Annals of Operations Research, 2003 (121): 151 – 180.

[139] Brunner G. Europe's energy policy and the task ahead [J]. Intereco-

nomics, 1977, 12 (11 –12): 306 –310.

[140] Brunnermeier S B, Cohen M A. Determinants of environmental innovation in US manufacturing industries [J]. Journal of Environmental Economics and Management, 2003, 45 (2): 278 –293.

[141] Buckley J C, Schwarz P M. Renewable energy from gasification of manure: an innovative technology in search of fertile policy [J]. Environmental Monitoring & Assessment, 2003, 84 (1/2): 111 –127.

[142] Bulut U, Muratoglu G. Renewable energy in Turkey: Great potential, low but increasing utilization, and an empirical analysis onrenewable energy-growth nexus [J]. Energy Policy, 2018 (123): 240 –250.

[143] Busom I, Corchuelo B, Martínez-Ros E. Tax incentives... or subsidies for business R&D? [J]. Small Business Economics, 2014, 43 (3): 571 –596.

[144] Capelo C, Dias J F, Pereira R. A system dynamics approach to analyse the impact of energy efficiency policy on ESCO ventures in European Union countries: a case study of Portugal [J]. Energy Efficiency, 2018 (11): 893 –925.

[145] Carley S, Baldwin E, MacLean L M, et al. Global Expansion ofRenewable Energy Generation: An Analysis of Policy Instruments [J]. Environmental and Resource Economics, 2017 (68): 397 –440.

[146] Catozzella A, Vivarelli M. Beyond additionality: Are innovation subsidies counterproductive? [R]. Institute for the Study of Labor Discussion Papers, 2011, 5746.

[147] Chen C, Pinar M, Stengos T. Renewable energy consumption and economic growth nexus: evidence from a threshold model [J]. Energy Policy, 2020 (139).

[148] Chiles T H, McMackin J F. Integrating variable risk preferences, trust, and transaction cost economics [J]. Academy of Management Review, 1996, 21 (1): 73 –99.

[149] Chizema A, Buck T. Neo-institutional theory and institutional change: Towards empirical tests on the "Americanization" of German executive pay [J]. In-

ternational Business Review, 2006, 15 (5): 488 – 504.

[150] Cho J H, Sohn S Y. A novel decomposition analysis of green patent applications for the evaluation of R&D efforts to reduce CO_2 emissions from fossil fuel energy consumption [J]. Journal of Cleaner Production, 2018 (193): 290 – 299.

[151] Coase R H. The nature of the firm: meaning [J]. Journal of Law, Economics, & Organization, 1988, 4 (1): 19 – 32.

[152] Collins N, Bekenova K. Fuelling the New Great Game: Kazakhstan, energy policy and the EU [J]. Asia Europe Journal, 2017 (15): 1 – 20.

[153] Cooper A C G. Evaluating energy efficiency policy: understandingthe "energy policy epistemology" may explain the lack of demand for randomised controlled trials [J]. Energy Efficiency, 2018, 11 (4): 997 – 1008.

[154] Cory K, Couture T, Kreycik C, et al. A Policymaker's Guide to Feed-in Tariff Policy Design [R]. Technical Report, National Renewable Energy Laboratory, 2010, No. NREL/TP – 6A2 – 44849 5105.

[155] Cory K, Couture T, Kreycik C. Feed-in Tariff Policy: Design, Implementation, and RPS Policy Interactions [R]. Technical Report, National Renewable Energy Laboratory, 2009, No. NREL/TP – 6A2 – 45549 TRN: US200911%%316.

[156] Couture T, Gagnon Y. An analysis of feed-in tariff remuneration models: Implications for renewable energy investment [J]. Energy Policy, 2010, 38 (2): 955 – 965.

[157] Criel G. The infant industry argument for protection: A reevaluation [J]. De Economist, 1985, 133 (2): 199 – 217.

[158] Cullen J M. Circular Economy: Theoretical Benchmark or PerpetualMotion Machine? [J]. Journal of Industrial Ecology, 2017, 21 (3): 483 – 486.

[159] Cunha F B F, Mousinho M C A D M, Carvalho L, et al. Renewable energy planning policy for the reduction of poverty in Brazil: lessons from Juazeiro [J]. Environment Development and Sustainability, 2020 (1): 1 – 19.

[160] David P A. Clio and the economics of qwerty [J]. American Economic Review, 1985, 75 (2): 332 – 337.

[161] Dean S O. Fusion and Energy Policy [J]. Journal of Fusion Energy, 2006, 25 (1/2): 35 –43.

[162] DeCanio S J. The political economy of global carbon emissions reductions [J]. Ecological Economics, 2009, 68 (3): 915 –924.

[163] Del Río P, Gual M A. An integrated assessment of the feed-in tariff system in Spain [J]. Energy Policy, 2007, 35 (2): 994 –1012.

[164] Del Río P, Mir-Artigues P. Combinations of support instruments for renewable electricity in Europe: A review [J]. Renewable and Sustainable Energy Reviews, 2014 (40): 287 –295.

[165] Denes_Santos D, Cunha S K D. Transformative innovation policy for solar energy: particularities of a developing country [J]. Clean Technologies and Environmental Policy, 2020, 22 (9): 43 –57.

[166] Dent C M, Thomson E. Asia's and Europe's energy policy challenges: Introduction [J]. Asia Europe Journal, 2013, 11 (3): 201 –210.

[167] Duan H B, Zhu L, Fan Y. Modelling the Evolutionary Paths of Multiple Carbon-Free Energy Technologies with Policy Incentives [J]. Environmental Modeling and Assessment, 2015 (20): 55 –69.

[168] Dusonchet L, Telaretti E. Economic analysis of different supporting policies for the production of electrical energy by solar photovoltaics in western European Union countries [J]. Energy Policy, 2010, 38 (7): 3297 –3308.

[169] Ellabban O, Abu-Rub H, Blaabjerg F. Renewable energy resources: current status, future prospects and their enabling technology [J]. Renewable and Sustainable Energy Reviews, 2014 (39): 748 –764.

[170] European Commission. Closing the Loop: An EU Action Plan for the Circular Economy [R]. Brussels, 2015.

[171] Fagerberg J. Mobilizing innovation for sustainability transitions: A comment on transformative innovation policy [J]. Research Policy, 2018, 47 (9): 1568 –1576.

[172] Foran B, Poldy F. Future Dilemmas: Options to 2050 for Australia's

Population, Technology, Resources and Environment [R]. CSIRO Sustainable Ecosystems, 2002: 157 – 189.

[173] Foundation E M. Towards the circular economy: Economic and business rationale for an accelerated transition [J]. Journal of Industrial Ecology, 2013, 1 (1): 4 – 8.

[174] Friedlander S C, Sawyer S W. Innovation traditions, energy conditions, and state energy policy adoption [J]. Policy Sciences, 1983, 15 (4): 307 – 324.

[175] Frondel M, Ritter N, Schmidt C M, et al. Economic impacts fromthe promotion of renewable energy technologies: The German experience [J]. Energy Policy, 2010, 38 (8): 4048 – 4056.

[176] Frondel M, Ritter N, Schmidt C M. Germany's solar cell promotion: Dark clouds on the horizon [J]. Energy Policy, 2008, 36 (11): 4198 – 4204.

[177] Garrone P, Grilli L. Is there a relationship between public expenditures in energy R&D and carbon emissions per GDP? An empirical investigation [J]. Energy policy, 2010, 38 (10): 5600 – 5613.

[178] Geels F W. Technological transitions as evolutionary reconfiguration process: a multi-level perspectiveand a case-study [J]. Research Policy, 2002, 31 (8 – 9): 1257 – 1274.

[179] Gelabert L, Fosfuri A, Tribó J A. Does the effect of public support for R&D depend on the degree of appropriability? [J]. The Journal of Industrial Economics, 2009, 57 (4): 736 – 767.

[180] Gibson M, Thimester R. Public Policy: Pathway to Future Energy Supply Security [J]. International Advances in Economic Research, 2010, 16 (1): 122 – 123.

[181] Gong Y, Fan P. Research on the dynamic incentive mechanism of information sharing in social network services based on reputationmechanism [J]. Cluster Computing, 2019 (22): 5025 – 5031.

[182] Grajzl P, Dimitrova-Grajzl V P. The choice in the lawmaking process: legal transplants vs. indigenous law [J]. Review of Law and Economics, 2009, 5

（1）：615 - 660.

［183］Griffiths S. Renewable energy policy trends and recommendations for GCC countries ［J］. Energy Transitions, 2017, 1 （1）：1 - 15.

［184］Grossman G M, Helpman E. Trade, innovation, and growth ［J］. The American Economic Review, 1990, 80 （2）：86 - 91.

［185］Grossman G M, Krueger A B. Environmental impacts of a North American free trade agreement ［R］. National Bureau of Economic Research Working Paper, 1991, 3914.

［186］Guellec D, Pottelsberghe B V. The Impact of Public R&D Expenditure on Business R&D ［J］. Economics of Innovation and New Technology, 2003, 12 （3）：225 - 243.

［187］Gulati R. Does familiarity breed trust? The implications of repeated ties for contractual choice in alliances ［J］. Academy of Management Journal, 1995, 38 （1）：85 - 112.

［188］Gulati R, Singh H. The architecture of cooperation：managing coordination costs and appropriation concerns in strategic alliances ［J］. Administrative Science Quarterly, 1998, 43 （4）：781 - 814.

［189］Haas R, Panzer C, Resch G, et al. A historical review of promotion strategies for electricity from renewable energy sources in EU countries ［J］. Renewable and Sustainable Energy Reviews, 2011, 15 （2）：1003 - 1034.

［190］Hall P A, Gingerich D W. Varieties of capitalism and institutional complementarities in the political economy：An empirical analysis ［J］. British Journal of Political Science, 2009, 39 （3）：449 - 482.

［191］Haynes L, Service O, Goldacre B, et al. Test, Learn, Adapt：Developing Public Policy with Randomised Controlled Trials ［J］. SSRN Electronic Journal, 2012：1 - 34.

［192］Hedenus F, Azar C, Johansson D J A. Energy security policies in EU-25—the expected cost of oil supply disruptions ［J］. Energy Policy, 2010, 38 （3）：1241 - 1250.

［193］Heide J B, John G. The role of dependence balancing in safeguarding transaction-specific assets in conventional channels ［J］. Journal of Marketing, 1988, 52 (1): 20 – 35.

［194］Herring H, Caird S, Roy R. Can consumers save energy? Results from surveys of consumer adoption and use of low and zero carbon technologies ［J］. European Council for an Energy Efficient Economy Summer Study, 2007 (4): 1885 – 1895.

［195］Hirvonen J, Kayo G, Cao S, et al. Renewable energy production support schemes for residential-scale solar photovoltaic systems in Nordic conditions ［J］. Energy Policy, 2015 (79): 72 – 86.

［196］Hobbs B, Rijkers F A M, Wals A F. Strategic generation with conjectured transmission price responses in a mixed transmission pricing system-part I: formulation ［J］. IEEE Transactions on Power Systems, 2004 (19): 707 – 717.

［197］Hobbs J E. A transaction cost approach to supply chain management ［J］. Supply Chain Management, 1996, 1 (2): 15 – 27.

［198］Hobbs J E. Transaction costs and slaughter cattle procurement: processors' selection of supply channels ［J］. Agribusiness, 1996, 12 (6): 509 – 523.

［199］Hobbs J E, Young L M. Closer vertical co-ordination in agri-foodsupply chains: a conceptual framework and some preliminary evidence ［J］. Supply Chain Management, 2000, 5 (3): 131 – 143.

［200］Hoppe T, Coenen F, Maya V D B. Illustrating the use of concepts from the discipline of policy studies in energy research: An explorative literature review ［J］. Energy Research & Social Science, 2016 (21): 12 – 32.

［201］Hsu C W. Using a system dynamics model to assess the effects of capital subsidiesand feed-in tariffs on solar PV installations ［J］. Applied Energy, 2012 (100): 205 – 217.

［202］Ihori T, Nakamoto A. Japan's fiscal policy and fiscal reconstruction ［J］. International Economics and Economic Policy, 2005 (2): 153 – 172.

[203] Ishi H. Making fiscal policy in Japan: Economic effects and institutional settings [M]. Oxford University Press, 2000: 147 – 169.

[204] Jaffe A B, Palmer K. Environmental regulation and innovation: a panel data study [J]. The Review of Economics and Statistics, 1997, 79 (4): 610 – 619.

[205] Johanson J, Mattsson L G. Interorganizational relations in industrial systems: a network approach compared with the transaction-cost approach [J]. International Studies of Management & Organization, 1987 (17): 34 – 48.

[206] Jones C I, Tonetti C. Nonrivalry and the Economics of Data [R]. National Bureau of Economic Research, 2020, 26260.

[207] Kahia M, Aïssa M S B, Charfeddine L. Impact of renewable and non-renewable energy consumption on economic growth: new evidence from the MENA Net Oil Exporting Countries (NOECs) [J]. Energy, 2016, 116 (1): 102 – 115.

[208] Kahouli B. The causality link between energy electricity consumption, CO_2 emissions, R&D stocks and economic growth in Mediterranean countries (MCs) [J]. Energy, 2018 (145): 388 – 399.

[209] Kawata Y. Technical ExternalVy in the Context of Altruism [J]. Atlantic Economic Journal, 2010, 38 (3): 375 – 376.

[210] Kim K K, Lee C G. Evaluation and optimization of feed-in tariffs [J]. Energy Policy, 2012, 49 (10): 192 – 203.

[211] Köksal C, Katircioglu S, Katircioglu S. The role of financial efficiency in renewable energy demand: Evidence from OECD countries [J]. Journal of Environmental Management, 2021, 285.

[212] Koch M J, McGrath R G. Improving labor productivity: human resource management policies do matter [J]. Strategic Management Journal, 1996, 17 (5): 335 – 354.

[213] Kraft J, Kraft A. On the Relationship between Energy and GNP [J]. The Journal of Energy and Development, 1978 (3): 401 – 403.

［214］Kravtsov A. Development of the Patent-Based Researches on Innovation Processes: Analytic Review ［J］. Journal of the New Economic Association, 2017, 35 (3): 144 - 167.

［215］Kwant K W. Renewable energy in The Netherlands: policy and instruments ［J］. Biomass & Bioenergy, 2003, 24 (4/5): 265 - 267.

［216］Kyle H, Gaétan D R, Adam B J. Patent Quality: Towards a Systematic Framework for Analysis and Measurement ［J］. Research Policy, 2021, 50 (4).

［217］Lach S. Do R&D subsidies stimulate or displace private R&D? Evidence from Israel ［J］. The journal of industrial economics, 2002, 50 (4): 369 - 390.

［218］Lei G, Yang L L, Zhang J H. Corporate patents, R&D success, and tax avoidance ［J］. Review of Quantitative Finance and Accounting, 2016, 47 (4): 1063 - 1096.

［219］Liao Q, Zhao Z. Economic analysis on China's industry development policy of new energy ［C］. World Automation Congress, IEEE, 2012.

［220］Álvarez-Herránz A, Balsalobre D, Cantos J M, et al. Energy innovations-GHG emissions nexus: fresh empirical evidence from OECDcountries ［J］. Energy Policy, 2017 (101): 90 - 100.

［221］Macher J T, Richman B D. Transaction cost economics: an assessment ofempirical research in the social sciences ［J］. Business and Politics, 2008, 10 (1): 1 - 63.

［222］Mansur E, Holland S. The short-run effects of time-varying prices in competitive electricity markets ［J］. Energy Journal, 2006, 27 (4): 127 - 155.

［223］Mayr D, Schmidt J, Schmid E. The potentials of a reverse auction in allocating subsidies for cost-effective roof-top photovoltaic system deployment ［J］. Energy Policy, 2014 (69): 555 - 565.

［224］Mendonca M, Jacobs D, Sovacool B. Powering the Green Economy: The Feed-in Tariff Handbook ［M］. Earthscan, London, 2009.

［225］Mill J S. The Principles Of Political Economy ［M］. London, 1871: 92.

［226］Mir-Artigues P, del Río P. Combining tariffs, investment subsidies and soft loansin a renewable electricity deployment policy［J］. Energy Policy, 2014 (69): 430 - 442.

［227］Mir-Artigues P, del Río P. The Economics and Policy of Solar Photovoltaic Generation［M］. Springer, Switzerland, 2016.

［228］North D C. Institutions, Institutional Change and Economic Performance［M］. Cambridge University Press, 1990.

［229］Petrin T, Radicic D. Instrument policy mix and firm size: is there complementarity between R&D subsidies and R&D tax credits?［J］. The Journal of Technology Transfer, 2021.

［230］Pohlmann M C, Aguiar A B D, Bertolucci A, et al. Impacto daespecificidade de ativos nos custos de transação, na estrutura de capital e no valor da empresa［J］. Revista Contabilidade & Finanças, 2004 (15): 24 - 40.

［231］Pyrgou A, Kylili A, Fokaides P A. The future of the Feed-in Tariff (FiT) scheme in Europe: the case of photovoltaics［J］. Energy Policy, 2016 (95): 94 - 102.

［232］Ravenscraft D J, Wagner C L III. The role of the FTC's line of business data in testing and expanding the theory of the firm［J］. The Journal of Law and Economics, 1991, 34 (2): 703 - 739.

［233］Rosenberg N. The Role of Electricity in Industrial Development［J］. Energy Journal, 1998, 19 (2): 7 - 24.

［234］Sadorsky P. Renewable energy consumption and income in emerging economies［J］. Energy Policy, 2009, 37 (10): 4021 - 4028.

［235］Sadorsky P. The effect of urbanization and industrialization onenergy use in emerging economies: implications for sustainable development［J］American Journal of Economics and Sociology, 2014, 73 (2): 392 - 409.

［236］Sahraei-Ardakani M, Blumsack S, Kleit A. Distributional impacts of state-level energy efficiency policies in regional electricity markets［J］. Energy Policy, 2012 (49): 365 - 372.

［237］Schot J, Daniels C, Torrens J, et al. Developing a shared understanding of transformative innovation policy ［R］. TIPC—transformative innovation policy consortium, 2017.

［238］Shen J, Wang Y, Yan S. Review of the Impact of Tax Policy on Renewable Energy Development in China ［C］. 2015 International Symposium on Energy Science and Chemical Engineering, 2015.

［239］Sidorkin O, Srholec M. Do Direct Subsidies Stimulate New R&D Outputs in Firms? Evidence from the Czech Republic ［J］. Journal of the Knowledge Economy, 2021.

［240］Stanley J W. The coal question: an inquiry concerning the progress of the nation, and the probably exhaustion of our coal-mines ［M］. Hardpress Publishing, 1865.

［241］Viklund S B. Energy efficiency through industrial excess heat recovery—policy impacts ［J］. Energy Efficiency, 2015, 8 (1): 19 – 35.

［242］Vine E, Sullivan M, Lutzenhiser L, et al. Experimentation and the evaluation of energy efficiency programs ［J］. Energy Efficiency, 2014, 7 (4): 627 – 640.

［243］Walawalkar R, Blumsack S, Apt J, et al. An economic welfare analysis of demand response in the PJM electricity market ［J］. Energy Policy, 2008, 36 (10): 3692 – 3702.

［244］Wand R, Leuthold F. Feed-in tariffs for photovoltaics: Learningby doing in Germany? ［J］. Applied Energy, 2011, 88 (12): 4387 – 4399.

［245］Webster K. The circular economy. A wealth of flows ［M］. Ellen MacArthur Foundation Publishing, 2015: 16.

［246］Westphal L E. Empirical Justification for Infant Industry Protection ［R］. World Bank Staff Working Paper, 1981, 445.

［247］Williamson O E. The economics of governance: framework and implications ［J］. Journal of Institutional and Theoretical Economics, 1984 (140): 195 – 223.

[248] Williamson O E. The economics of organization: the transaction cost approach [J]. American Journal of Sociology, 1981, 87 (3): 548 – 577.

[249] Williamson O E. The modern corporation: origins, evolution, attributes [J]. Journal of Economic Literature, 1981, 19 (4): 1537 – 1568.

[250] Williamson O E. The new institutional economics: taking stock, looking ahead [J]. Journal of Economic Literature, 2000, 38 (3): 595 – 613

[251] Williamson O E. Transaction cost economics: the natural progression [J]. American Economic Review, 2010, 100 (3): 673 – 690.

附　　录

附表 1　　　　**2011～2020 年风能产业金融支持规模报酬评价结果**

企业名称	2011 年	2012 年	2013 年	2014 年	2015 年	2016 年	2017 年	2018 年	2019 年	2020 年
粤电力 A	—	—	—	—	drs	—	—	—	—	—
天奇股份	drs	—	irs	—	drs	drs	irs	drs	irs	irs
宁波东力	irs	irs	drs	—	irs	—	—	irs	—	—
九鼎新材	drs	—	irs	drs	drs	drs	irs	drs	—	drs
大金重工	—	—	—	—	—	drs	—	—	—	drs
天顺风能	—	—	drs	drs	drs	drs	drs	drs	drs	—
泰胜风能	drs	drs	—	—	—	—	—	—	—	—
通裕重工	—	irs	—	drs	drs	drs	drs	drs	irs	drs
长城电工	drs	drs	drs	—	irs	drs	drs	drs	—	irs
中材科技	—	irs	irs	drs	drs	—	—	—	drs	drs
宝新能源	drs	drs	drs	drs	drs	drs	irs	drs	drs	—
银星能源	drs	irs	drs	—	—	drs	—	drs	drs	—
金风科技	—	irs	drs	drs	drs	drs	drs	drs	drs	drs
中闽能源	irs	drs	irs	drs	—	—	—	drs	—	—
金山股份	drs	drs	drs	—	drs	irs	irs	drs	irs	irs
湘电股份	drs	irs	drs	drs	drs	drs	drs	irs	irs	irs
京能电力	drs	—	—	—	—	—	drs	drs	—	irs
华银电力	irs	—	irs	drs	—	irs	—	—	—	—
东方电气	drs	drs	drs	irs	irs	—	drs	drs	—	irs
上海电气	drs	drs	irs	irs	—	drs	drs	—	—	irs

注：irs 为规模报酬递增，drs 为规模报酬递减，—为规模报酬不变。

附表2　　　2011~2020 年光伏产业金融支持规模报酬评价结果

企业名称	2011 年	2012 年	2013 年	2014 年	2015 年	2016 年	2017 年	2018 年	2019 年	2020 年
精功科技	—	irs	—	drs	drs	drs	drs	drs	irs	drs
科士达	drs	—	drs	drs	drs	drs	drs	drs	drs	drs
向日葵	—	irs	drs	drs	drs	irs	irs	irs	drs	drs
有研新材	irs	irs	drs	—	—	—	—	—	—	—
南玻 A	irs	—	drs	drs	—	drs	drs	drs	—	irs
中环股份	irs	—	drs	drs	—	drs	drs	drs	drs	drs
拓日新能	irs	drs	drs	irs	drs	drs	drs	drs	drs	drs
协鑫集成	irs	irs	—	—	—	—	—	—	—	irs
亚玛顿	—	—	—	—	—	irs	irs	—	irs	irs
东方日升	irs	irs	drs	drs	drs	drs	drs	drs	drs	drs
阳光电源	—	drs	drs	drs	drs	drs	drs	drs	—	—
特变电工	drs	drs	drs	drs	drs	drs	drs	drs	drs	drs
航天机电	irs	irs	drs	—	drs	drs	drs	drs	drs	drs
通威股份	drs	drs	drs	drs	drs	drs	drs	drs	drs	drs
亿晶光电	drs	irs	drs	drs	drs	irs	drs	drs	drs	drs
保变电气	irs	drs	drs	drs	drs	drs	drs	drs	drs	drs
乐山电力	irs	drs	drs	irs	—	irs	drs	—	irs	irs
川投能源					drs					
综艺股份	irs	irs	irs	drs	drs	—	irs	irs	—	—
杉杉股份	irs	drs	drs	drs	drs	drs	drs	drs	drs	irs

注: irs 为规模报酬递增, drs 为规模报酬递减, —为规模报酬不变。

附表3　　　2011~2020 年生物质能产业金融支持规模报酬评价结果

企业名称	2011 年	2012 年	2013 年	2014 年	2015 年	2016 年	2017 年	2018 年	2019 年	2020 年
泰达股份	irs	drs	—	—	drs	—	—	drs	drs	irs
中粮科技	drs	—	drs	irs	irs	drs	drs	—	—	—
旺能环境	drs	—	—	—	—	—	—	drs	drs	drs
长青集团	irs	irs	—	drs	—	drs	drs	drs	—	drs
华西能源	—	drs	drs	—	drs	—	—	—	—	irs
三聚环保	irs	drs	drs	drs	—	—	drs	—	irs	drs
科融环境	irs	drs	—	drs	drs	drs	—	irs	irs	drs

企业名称	2011年	2012年	2013年	2014年	2015年	2016年	2017年	2018年	2019年	2020年
华光环能	irs	irs	drs	drs	—	drs	—	—	—	drs
天富能源	drs	drs	drs	—	—	drs	irs	irs	irs	drs
北清环能	—	drs	drs	irs	irs	irs	drs	—	—	—
民和股份	—	irs	irs	—	irs	drs	irs	drs	—	—
金禾实业	—	drs	—	drs	drs	drs	drs	—	—	drs
金通灵	irs	irs	drs	—	drs	drs	drs	—	irs	—
海南椰岛	irs	drs	drs	irs	irs	drs	drs	—	irs	drs
深圳能源	—	—	—	—	irs	irs	—	—	—	drs
韶能股份	irs	drs	drs	drs	—	drs	drs	drs	irs	irs
兴化股份	drs	irs	—	irs	irs	—	—	—	—	—
富春环保	—	—	drs	drs	—	drs	drs	irs	drs	irs
迪森股份	—	—	—	—	—	—	drs	drs	irs	—
华电能源	irs	—	drs	drs	irs	drs	irs	drs	—	irs

注：irs为规模报酬递增，drs为规模报酬递减，—为规模报酬不变。